D1655582

CUADERNO MARTINISTA VII

# EL MARTINISMO A TRAVÉS DEL TIEMPO

Rémi Boyer

# EL MARTINISMO A TRAVÉS DEL TIEMPO

masonica.es

Rémi Boyer

# EL MARTINISMO A TRAVÉS DEL TIEMPO

## De Louis-Claude de Saint-Martin a Robert Amadou

Prólogo de Serge Caillet

Traducción de Pablo Voltas

| CUADERNOS MARTINISTAS |

masonica.es

*CUADERNO MARTINISTA VII*
*El Martinismo a través del tiempo. De Louis-Claude de Saint-Martin a Robert Amadou*
RÉMI BOYER

Director de colección:
JOSÉ MIGUEL JATO

editorial masonica.es®
Colección MARTINISMO
www.masonica.es



EntreAcacias, S.L.
[Sociedad editora]
c/Palacio Valdés, 3-5, 1° C
330002 Oviedo - Asturias (España)
Tel. Administración: (34) 985 792 892
Tel. Pedidos: (34) 984 701 911
info@masonica.es - pedidos@masonica.es

1ª edición: enero, 2018

ISBN: 978-84-948021-7-1
Depósito Legal: AS 00144-2018

Impreso por Ulzama
Impreso en España

# ÍNDICE

*a EivLys*

*a Marie*

*a Axel*

*a Claude Bruley,*

*a Lima de Freitas,*

*a Robert Amadou,*

*a Armand Toussaint,*

*a Jean-Louis Larroque,*

*y a la tercera generación de Maestros del Pasado que,*
*tras Martínez de Pasqually, Louis-Claude de Saint-Martin,*
*Jean-Baptiste Willermoz, más tarde,*
*Papus y los Compañeros de la Hierofanía,*
*dio al Martinismo,*
*con Robert Ambelain después,*
*una proyección nunca alcanzada.*

«No se puede, al mismo tiempo,
decir y explicar lo que se dice»

Gilles Deleuze

# PRÓLOGO DE SERGE CAILLET

*A Claude Calmels Beaulieux,*
*en la amistad del Filósofo desconocido*

*

## Martinismo

Tras haber designado la corriente iluminista de los admiradores de Louis-Claude de Saint-Martin, llamado el Filósofo desconocido, el término «martinismo», que vio la luz en los últimos años del siglo XVIII, incluye ahora varias realidades distintas, siendo la más clásica la que se aplica a las Órdenes martinistas situadas bajo el patronazgo póstumo de Saint-Martin. Sin embargo, contrariamente a Martínez de Pasqually con quien había, en la primera mitad de su carrera, seguido al pie de la letra la práctica de una teúrgia ceremonial muy elevada, en el marco de una escuela iniciática, Saint-Martin, que tomó como segundo maestro, a título póstumo, al teósofo de Görlitz, Jacob Boehme, propone a los íntimos, que son sus amigos y lectores, una vía desprovista de cualquier forma ritual. Literal punto de filiación saint-martiniana , una evidencia que ha empezado a conocerse a fuerza de decirlo y escribirlo, desde que Robert Amadou lo demostró, en beneficio de la filiación de deseo que conecta a los martinistas de los siglos XIX, XX y XXI con el Filósofo desconocido del siglo de las Luces.

La paradoja quiso que la Providencia confiase a un joven estudiante de medicina, en la Belle époque del ocultismo, 1887-1891, la fundación de un pequeño círculo iniciático: la Orden martinista, la primera en su género con una forma ritual sencilla (Cuadernos de la Orden reservados a las logias regulares y a los iniciadores, facsímil en los Documentos martinistas nº 14, Cuadernos de la Orden de tiempos de Papus, París, Cariscrip, 1981). Este, como es bien sabido, tenía por nombre Gérard Encausse, nombre que se haría célebre hasta el punto que Anatole France soñó con confiarle una cátedra de magia en el Colegio de Francia.

Mediante un primer ritual de reunión y recepción a su Orden martinista, que pronto abandonaría el carácter informal de un círculo de íntimos, Papus se alejó, sin duda, de la práctica y sensibilidad de Saint-Martin. Pero el Espíritu sopla donde quiere, y corresponde a los martinistas garantizar que la llamada iniciación «de Saint-Martin», que se remonta a Papus, por falso que esto sea en el plano de la historia, lleve espiritualmente cada vez más a la vía de Saint-Martin, que es interna y, en consecuencia, solo lleva a Dios: «mi secta, es la Providencia», precisó el Filósofo desconocido.

Después de ser admitido, el 23 de mayo de 1994, en la cadena martinista en la que el mismo Robert Ambelain había sido recibido el 1º de septiembre de 1942, con el ritual analizado a lo largo de esta obra, Robert Amadou, quien prefería el ritual primitivo de Papus, me recordó en privado: «Espero que esto te ayude a ir hacia Dios y avanzar. Si no, esto no vale la pena». Y el viejo maestro añadió sonriente: «Para títulos, si es lo que quieres, ¡Solo tienes que inventártelos!» Sin embargo, estas son, en forma de broma, las dos vías que en efecto se ofrecen a los martinistas contemporáneos.

Porque el martinismo, espiritualmente lleno de promesas en su forma social actual, es muy capaz también, no lo ocultemos, de extraviar al iniciable en la distracción. Como en otras reputadas sociedades iniciáticas, en las que algunos han encontrado donde edificar su particular torre de Babel, con la multiplicación de grados, títulos, funciones, cargos, iniciaciones, rituales...

Por el contrario, la búsqueda de Rémi Boyer testimonia la eficacia de la iniciación martinista, ante otras iniciaciones, por cuenta propia y a beneficio de los hombres y mujeres de deseo reunidos alrededor de la tercera generación de compañeros de la Hierofanía. Porque, alentada por algunos veteranos de la segunda generación, entre los cuales Robert Amadou jugó un importante papel, una tercera generación se emancipó en efecto en los años 1980. La mayoría éramos jóvenes, como lo habían sido nuestros veteranos de la Belle époque, Papus a la cabeza, y a lo largo de los años 1940-1960, reunidos en gran medida en torno a Robert Ambelain.

De la esperanza de los coloquios Arc-en-ciel-Arco iris (1987-1989) ideados por Rémi Boyer, nacerá el Grupo de Tebas, obligado a ponerse en sueños al faltarle la discreción requerida y no haber sido comprendido. Pero las bases estaban puestas, los talleres se abrían y las perspectivas se dibujaban. Se trataba de martinismo, éramos unos pocos a los que Robert Amadou, entonces, llamaría al relevo (conclusión de su prólogo a mi Sar Hiéronimus y la FUNDOSI, París, Cariscript, 1986, p. 13).

Con algunos otros, Rémi Boyer rápidamente formó parte de él. Después de haber sido agregado a la Orden Martinista de los Caballeros de Cristo, por «un hombre fuera de lo corriente», Armand Toussaint (1895-1994) que la había constituido en Bégica en 1971, se convirtió en uno de sus representantes más activos. Asimismo, en otro orden de cosas, el Centro internacional de búsquedas y estudios martinistas (CIREM), fundado bajo la presidencia de Robert Amadou en 1992, nunca habría surgido si Rémi Boyer no hubiera asumido de entrada su secretaría general. Las publicaciones del CIREM, empezando por los treinta y tres números de la primera serie de su revista, el Espíritu de las cosas, han contribuido no poco, estos últimos lustros, al estudio y la difusión del martinismo. En verdad, estos fenómenos periféricos ocultan a los ojos de muchos algunas empresas centrales, donde debo incluir en primer lugar el segundo resurgimiento de la Orden de los caballeros masones elus cohen del Universo, de la que Rémi Boyer ha recordado en otras partes algunas de sus circunstancias.

* *

## Un ritual eficaz

Más allá de las variadas formas rituales de las órdenes en desorden, Rémi Boyer considera de entrada la permanencia de algo que habita los templos martinistas. ¡Qué razón tiene! Y ese algo es lo que se encuentra vehiculizado por el ritual.

Retomando, respecto al martinismo de Papus, los principios planteados en su Francmasonería como vía del Despertar (edición en castellano de MASONICA.ES, 2016), el autor nos invita a considerar el martinismo como otra vía del despertar, bajo la base de un ritual. Ha optado por el de Robert Ambelain, el cual tiene sus raíces en un texto original de Papus, a distinguir del de Blitz-Téder e incluso del de Dimitri Sémélas. Este ritual permite la transmisión de un único grado de «superior desconocido», integrando los elementos esenciales de los dos grados precedentes.

Que ese ritual fuese eficaz en la clandestinidad, bajo la ocupación nazi, y en diversas circunstancias, aún mucho tiempo tras la guerra, es suficiente para estar convencido a la hora de ¡Juzgar el árbol y sus frutos! Además se sabe con legítimo orgullo —y una pizca de ironía— que Robert Ambelain podría reivindicar su lugar en el árbol genealógico de multitud de martinistas y órdenes contemporáneas.

La misma Orden martinista tradicional tampoco puede escaparse, por vía de Raymond Bernard, designado por Ralph M. Lewis para su restauración en Francia y en los países francófonos, con función de Gran Maestro, en 1959. Prudente, Bernard sería iniciado, a petición propia y con gran discreción, por Marcel Laperruque, allegado de Robert Ambelain.

Algunos años antes, el mismo Ambelain había transmitido este depósito a casi la totalidad de los miembros del Supremo Consejo de la Orden Martinista despertada por Philippe Encausse, en 1952, luego este fundó, en 1968, como se sabe, su Orden martinista iniciática.

La Orden martinista sinárquica no habría superado el estado de pequeño grupo, incluso en Bélgica donde estuvo activa en los años 1930 con los discípulos de Émile Dantinne; tampoco en Suiza donde el Dr. Édouard Bertholet recogería su herencia a la muerte de Victor Blanchard. Pero fue Louis Bentin quien la desarrolló en Gran Bretaña, y la hizo propagarse a Canadá donde dio sus frutos, antes de regresar a Francia.

En su origen, Papus concibió la iniciación martinista en un único grado, que dividió enseguida en tres, luego hubo un cuarto, a los que enseguida consideró asociar un grado rosa-cruz. Hoy en día, incluso han surgido otros grados, que la arraigan un poco más, sin ninguna forma martinista, a una tierra de la que debería, por el contrario, irse liberando.

Robert Ambelain tenía el genio del ritual (Robert Amadou percibía ahí una de las razones de la eficacia del primer resurgir de los elus cohens, en 1942-1943, por la que daba su brazo derecho) y no dejó de escribir que era muy bueno y muy útil. Esa ciencia del ritual, Rémi Boyer la utiliza a su vez para beneficio de los hombres y mujeres de deseo que sepan descubrir en el martinismo una auténtica vía del despertar.

Este ritual por supuesto que utiliza los símbolos fundamentales del martinismo, como máscara, capa y cordón. Ahora bien, cualquier símbolo, como se dice en la buena teología, es un vehículo. Pero, ¿De qué? Rompiendo el uso de los símbolos, Rémi Boyer juega para conducirnos al único juego verdadero. Qué importa que su interpretación no sea siempre formalmente conforme a la de los antiguos, Martínez y Saint-Martin a la cabeza. ¿Por qué debería, en la libertad encontrada por sus hijos espirituales, atenerse a la forma cuando nada es más urgente que liberarse?

El error sería que los aprendices quisieran jugar a ser maestros, privándose de las preciosas herramientas puestas a su disposición. Ahora bien, esas herramientas son formales, sus formas deben ser respetadas para ser eficaces. Puedan estas líneas iniciales, modesto testimonio de mi amistad hacia Rémi Boyer, incitar a su vez el deseo del lector.

*

* *

## La máscara es mi verdadera cara

La máscara del iniciado martinista, según me enseñó Robert Amadou el día que me la colocó, simboliza la verdadera cara que tenemos que adquirir, y no es otra que la de nuestra semejanza divina. Y el viejo maestro, también del humorismo, añadió «hasta los 40 años tenemos la cara que nuestros padres nos han dado; después de los 40 años, se tienen las fauces que uno merece».

La máscara esconde en efecto mi verdadera cara, a menos que la revele. La máscara oculta un secreto, al igual que revela otro, el de la deificación, según me había confiado antaño Ignifer (Robert Amadou) en un banco de un jardín en Luxemburgo, donde planeaba la sombra de Saint-Martin: te conviertes en lo que piensas.

Todo hombre es otro Cristo, clama Saint-Martin, y puede realizar, en el Nombre de Cristo, cosas tan grandes como las del rabí *Iehoshua* de Nazaret, y hasta más grandes incluso. La máscara oculta al Cristo que está en mí y le revela a cualquiera que la mire lo que es. Desde el Cristo sufriente hasta el Cristo glorioso. Porque esa máscara de esclavo, que lleva todo hombre rescatado por el Verbo, ha adoptado la forma de esclavo en la Encarnación, esa máscara esconde mi verdadera cara, que es de gloria.

Pero esa gloria, a la que aspiro porque es la verdadera naturaleza de mi cuerpo, de ese cuerpo que no es mío, sino que también es mío, esa gloria no perdida sino escondida, solo puedo encontrarla en el silencio y la desaparición. La máscara, como cualquier símbolo, no solo es el signo de la desaparición; es el medio, en la interiorización, de un esfuerzo de abandono, que empieza por mi personalidad mundana y que continuará, Dios lo quiera, en un caminar permanente desde la periferia hacia el centro: adquirir una cara para conversar con Dios cara a cara.

Esa búsqueda del centro, que es también el eje del mundo como el centro es el eje del hombre, es la búsqueda del corazón, a la que Papus admirablemente llamó «vía cardiaca», y que Saint-Martin, un siglo antes, designó como interna. Al pasar de lo múltiple al Uno, o de los números periféricos a los números centrales, me alejo del Divisor acercándome al Señor. Abandono poco a poco el mundo del tiempo para entrar en lo intemporal, en marcha hacia la eternidad reencontrada, que es mi parte de lo Eterno.

Cansino, el Divisor reina en todos los lugares, ya que todos le pertenecen, en su principado. En la escuela de Martínez, Saint-Martin plantea en *Los Números* que el cuadrado de los tres elementos, que son el fuego, el agua y la tierra, se construye alrededor del número cinco que aquí hace de centro. Porque Adán, en quien el hombre ha pecado, se ha equivocado de centro (ved cómo Martínez de Pasqually narra el episodio de su tentación en las primeras secciones del *Tratado sobre la Reintegración*). En él, todo hombre caído está descentrado, confundiendo su propia realidad ilusoria con lo real. El hombre caído ha sido envenenado y, según Karl von Eckartshausen, nuestra sangre lleva un rastro, que nos atrae hacia ese centro ilusorio como a un imán hacia su fuente.

Pero el Reparador que no ha sucumbido a las trampas del Divisor (Mateo, IV, 1-11), es quien invierte en el hombre los valores pervertidos. Establece así otro centro del mundo, restableciendo el centro de todas las cosas, que es el Reino a alcanzar, tan lejano porque está dentro de nosotros donde nadie lo busca.

Puesto que debemos cambiar de centro, tras el cuadrado de los elementos, planteamos con Saint-Martin que el cuatro es nuestro número íntimo, central, mientras que el tres, que señala las formas, es un número del contorno. El cuatro será por lo tanto, más que el cinco, el verdadero centro a alcanzar, ya que revela la unidad. Pero dos unidades no están permitidas, creerlo forma parte de la ilusión del Maligno. Por consiguiente, ¿Cómo pasar del cinco al cuatro? Por el abandono del cuatro, un descenso hacia arriba. El Cristo en cruz señala así con su sangre el acto de rescate del hombre de su Adversario. Y el iniciado martinista es otro Cristo.

*

* *

*

## La capa de los maestros pasados

De la máscara a la capa, cambiamos de símbolo, en búsqueda de lo real. Para los elus cohens, la capa simbolizaba la función. Ignifer insistía sobre la necesidad, igualmente simbolizada por la máscara, de jugar nuestro de juego de roles. Pero, ¿qué rol? ¡Cuidado con jugar a maestro para quien, según Jacques Lacan, ignore que está jugando! Los maestros pasados son nuestros comunes padres temporales (la expresión es de Saint-Martin con respecto a Martínez que era el único maestro vivo a su entender entre los que no pueden volver). Como tales, solo son nuestros padres espirituales como imágenes de Cristo, único Maestro (Mateo, XXIII, 8).

La historia del martinismo, que es también la de los maestros pasados, no siempre ha sido tan noble como se hubiera deseado. ¿Cómo podría ser de otro modo en la periferia de los hechos? Porque esos maestros son en primer lugar hombres, y confundirlos con santos forma parte de una idolatría diabólica. Pero ya que esos mismos hombres están de camino hacia la santificación, sus virtudes cubren sus pecados en una verticalidad reencontrada. Se ofrecen entonces ante nuestros nublados ojos como símbolo de una presencia saludable, en su función de cabezas de cordada.

La presencia de los maestros pasados habita en el fuego que arde en el oriente, que es también el centro. Sin embargo ese fuego no es muy distinto a cierto fuego nuevo del que Saint-Martin detalla su vocación de órgano del espíritu, el mismo órgano de Dios. Sin él, nada es posible, como nada es posible a la materia privada de su principio, que es el eje del fuego central que forman, según Martínez de Pasqually, los espíritus emanados de Dios.

El fuego central del martinismo, cuyo corazón es el hábitat natural y sobrenatural, es el vehículo tanto de los maestros pasados como de todos los hombres y mujeres que por el deseo de un mismo espíritu, fueron reconocidos como tales por sus hermanos y hermanas pasajeramente encarnados. ¿Los nombres? Cada uno tiene sus amistades espirituales, sus vínculos intelectuales, literarios y afectivos. La lista no está por lo tanto cerrada, está abierta a otros, mientras que ellos suban con nosotros y nosotros subamos con ellos. Pero un mismo espíritu los habita, que es de fuego.

La capa de fuego caracteriza al maestro. Pero una capa oculta otra. Mi capa de carne esconde mi capa de fuego, que es también de luz. Porque la materia es ilusoria, como es ilusorio este cuerpo de carne en el que estoy envuelto como en una capa. Nuestro real de aquí abajo no es más que una imagen, que oculta el único real que revela la ausencia de Dios, presente en el mundo en su Sofía, la cual, desde cierto punto de vista, es también la cosa de los elus cohens, dulce presencia de Nuestro Señor Jesucristo.

Lo eterno se envuelve de luz al igual que una capa. Esa capa, que es su Gloria, nos protege y nos vivifica, asegurando Su presencia en el mundo caído; una Presencia de Dios que es también silencio, cuando el Verbo se hace silencio retirándose del mundo para dejar lugar al Espíritu Santo.

Paradójicamente, la capa del iniciado protege al otro. Pero, ¿de qué? No de algunas «malvadas energías» con las que la New Age nos calienta tanto las orejas, sino de sí mismo, así de simple. La imagen de Dios a la que aspira a parecerse, el iniciado la elimina con su capa, para permitir al otro existir. San Serafín de Sarov, modelo de hombre verdadero, se retiró del mundo a su celda, para cumplir solo la gran obra de deificación. Se protegía así del mundo vampirizando y protegiendo al mismo tiempo al mundo de él, favoreciendo también la gestación del alma y el nacimiento del otro Cristo. Después del alumbramiento, abrió su celda acogiendo almas por centenares y dejando caer su capa reveló su verdadera capa, que era de gloria.

Por último, la capa se une a la máscara cuando, como recuerda Rémi Boyer, el profeta Elías se tapa la cara en el Monte Horeb. Porque nadie puede ver a Dios sin morir, pero el Hijo, que está en el seno del Padre, lo desvela a los ojos del hombre.

*

* *

* *

## Dos letras y algunos puntos

Dos simples letras, la **S** y la **I**, y seis puntos, son los gérmenes de la iniciación martinista de Papus.

El mismo Martínez denominaba «soberanos jueces» a los réaux-cruz que componían el Tribunal de la Orden de los caballeros masones elus cohens del Universo, mientras que Saint-Martin, después de haber seguido esa primera escuela, revelará en El cocodrilo o la guerra del bien y del mal (1799; nueva edición, Hildesheim, Olms, 2008) la existencia ideal de esa Sociedad de los Independientes, que hizo la historia secreta del mundo y donde ella solo aparee insinuada. Mucho más todavía, las mismas letras, componiendo el mismo símbolo, remiten al Anfiteatro de la eterna Sapiencia de Henri Khunrath, clavando la serpiente en la cruz. Cagliostro, a quien según Monsieur Philippe Papus admiraba, también presenta la serpiente sobre el Tau, que Jules Doinel, compañero de Papus, adoptará como símbolo específico de los obispos de su Iglesia gnóstica, actualmente tan dramáticamente fragmentada e incluso descarriada.

La línea curva de la S rememora, sin duda, a la serpiente, mientras que la línea recta de la I recuerda al árbol o al eje del mundo. Pero, la serpiente, es también el verdadero Lucifer, el Cristo, el segundo Adán. Mientras que el primer Adán se deja seducir por la forma serpentina de Satán, camuflado de ángel de luz imitando la Sabiduría, el segundo Adán es la Sabiduría, o la Sabiduría es su paredro. Aunque, si el árbol es también la cruz, la I no es solamente el símbolo universal que René Guénon estudia en El Simbolismo de la cruz (1931). Recuerda primero el patíbulo del Calvario y el *mysterium crucis* del Gólgota. Porque para Génon, a quien además condena en su totalidad Papus, la Orden martinista, las escuelas asociadas y el ocultismo al que ellas pertenecen, distorsionan el carácter histórico, y en consecuencia la naturaleza real del cristianismo. Jean Daniélou, antaño, le hizo su crítica más pertinente (leer el número especial de *Planeta plus,* dedicado a Génon, en 1970).

Como complemento a las dos letras, los seis puntos que las deben acompañar encuentran su origen en Saint-Martin (*Los Números,* pág. 20) donde componen la filigrana del famoso dibujo que el gran maestro de la Orden martinista adoptará como pantáculo. Parecen también rivalizar o imitar, desdoblándolos, a los tres puntos masónicos. Pero, cualquiera que fuera la intención inicial de Papus, el senario se analiza de otra manera, como por parte de Raynomd Abellio, por ejemplo, quien sostenía el carácter fundamental, generalmente subestimado en favor de la triada (*La estructura absoluta,* 1965).

Las letras S.I. significan para Papus «Supérieur Inconnu-Superior Desconocido». Las dos palabras asociadas tienen su origen en la Estricta Observancia, que da forma al Régimen escocés rectificado, que depende en el fondo, vía Jean-Baptiste Willermoz, de la doctrina de Martínez de Pasqually. Pero el verdadero superior desconocido es primero un servidor desconocido, le gustaba recordar a Philippe Encausse, quien fue un modelo de género.

Ese superior desconocido, verdadero rosacruz, es por definición un hombre libre. ¿Cómo no asociarse aquí a Rémi Boyer cuando le entristece que la mayor parte de las órdenes martinistas hayan renunciado a los iniciadores libres, con un interés centralizador, por política o incluso por contaminación masónica? Charles Détré (Téder), que en 1913 adaptó al francés el ritual masonizante de Édouard Blitz, luego Jean Bricaud y algunos otros después de ellos, han confundido el marco masónico y la forma martinista. Grave error.

Porque mientras que la iniciación masónica se da por y en la logia, es solo el iniciador quien confiere la iniciación martinista. El superior desconocido actúa entonces en nombre de la Orden sin duda, pero de una Orden cuyo modelo no es otro que el de la Sociedad de los Independientes exaltada por Saint-Martin en El cocodrilo. Incluso Papus quiso que el carácter fundamental de la iniciación martinista sea libre, de iniciado a iniciable, fuera del ámbito social.

Impulsamos este razonamiento. Porque es más libertario incluso que la franc-masonería —salvo, es posible, para las formas masónicas marginales, condenadas o recuperadas por la masonería burguesa—. ¡El martinismo no tiene más vocación que la de preparar a sus miembros para salir de la Orden en la que han entrado! Porque lo mejor está por venir, y ese mejor, que es la búsqueda de la verdad en Aquel que es la verdad, se adquiere en libertad. En este punto, el pensamiento de Papus era constante, quien solo dos años antes de su muerte, todavía le recordó a un destinatario inquieto:

> «La Orden tiene por objeto dirigir hacia el Maestro de los Maestros a aquellos de sus miembros que sean juzgados por el Invisible dignos de alcanzar ese camino. La Orden no os ha pedido juramento; no os ha pedido dinero y

ha celebrado dejaros entera libertad en todos los planos. ¿No es justo que los miembros de la Orden, convertidos en estudiantes seriamente prendados por la vía mística, busquen personalmente alcanzar esa vía? También veo con placer que aquellos que han terminado su tiempo partan hacia nuevos rediles y dejen así la plaza libre a nuevos reclutas que seguirán más tarde la misma vía» («Carta a un amigo dimisionario de la Orden martinista», *Mysteria,* febrero de 1914, p. 173-175).

En la escuela de Monsieur Philippe, la que abre, según Rémi Boyer, una de las estrechas puertas del martinismo, Papus, después de haber abandonado, bajo la influencia de Téder, la forma simple de una Orden martinista primitiva por las formas complejas, no ha variado la concepción de su escuela, en la que parece que incluso haya previsto que se disolviera tras su muerte. ¿No se une así a Saint-Martin?

*

* *

* *

*

## Una caballería cristiana

Papus imaginó desde el principio la Orden martinista como «una caballería cristiana laica», que no se sometiera a ninguna Iglesia en particular, ni siquiera a la Iglesia gnóstica, y fue en Iglesias reconocidas como gnósticas donde Gerard Encausse, sus hermanos y sucesores se implicarían en diversos grados. Es así, ya se ha visto, como habló incluso dos años antes de ser llamado por Dios, de una orden que debe encaminar hacia el Maestro de los maestros, que es Cristo.

Libres son por lo tanto los martinistas de entrar, a título personal, en la Iglesia que elijan. Hoy como ayer, muchos, por razones evidentes, pertenecen a la de Roma, que a Papus y a los suyos apenas les gustaba, lo que les trajo muchas dificultades. Otros han salido de pequeñas Iglesias, gnósticas, rosacrucianas, viejas-católicas o liberales. Desde la segunda mitad del siglo XX, algunos incluso han reconocido la Iglesia gnóstica en las Iglesias ortodoxas de Oriente y Occidente, y Robert Amadou, Padre Ibrahim, consideraba la Iglesia siria como la iglesia ideal para los martinistas. También es cierto que Jean de Cronstadt, último santo de la Iglesia rusa, había saludado a Monsieur Philippe como hermano, mientras que el obispo de Moscú, un siglo antes, había informado muy favorablemente sobre *De los errores y de la verdad*, primera obra del Filósofo desconocido.

Fuera de la Iglesia, ¿qué sentido tiene esta caballería cristiana? Una vez más, ¿quién mejor que Papus podría instruirnos? «La Orden en la que estamos reunidos es sobre todo una caballería moral, que se esfuerza en desarrollar la espiritualidad de sus miembros mediante el estudio del mundo invisible y sus leyes, por el ejercicio de dedicación y asistencia intelectual y por la creación en cada espíritu de una fe tanto más fuerte cuanto más esté basada en la observación y la ciencia» (*Matinezismo, Willermorzismo, Martinismo y Franc-Masonería*, París, Chamuel, 1899, p. 54).

Todo está dicho. El estudio del mundo invisible nos devuelve a lo interno de Saint-Martin, puesto que los espíritus de cualquier naturaleza somos nosotros, que llevamos el Reino de Dios, que es también el Reino de los cielos. La dedicación y la asistencia fraternal acercan, más allá de la doctrina que las une. La Orden martinista y la Orden de los caballeros bienhechores de la Ciudad santa, donde el ágape (San Pablo, I, cor. XIII, 1-3) se substituye por el culto primitivo de Martínez de Pasqually. La fe de los modernos «caballeros fervientes de Cristo» (*Papus, Martinezismo, Willermozismo...*, p. 119), rememora a Clemente de Alejandría para quien la fe coronada en gnosis perfecciona la fe descubierta.

Este nuevo libro de Rémi Boyer, perturbador como debe ser en su aproximación singular —y que gracias a Dios me ha perturbado a mí también— así lo ha demostrado, para uso de todos los martinistas. El autor, que sabe de qué habla, encuentra un lugar para la máscara, para la capa y para el espíritu de Hely que sopla en el silencio.

# INTRODUCCIÓN

> «Debo confesar que he sentido que no hay nada indispensable para el hombre salvo eso que puede y debe hacer sin el socorro de los hombres y las circunstancias. Por eso, la verdad es la más simple y fácil de las todas ciencias.»
>
> Louis-Claude de Saint-Martin

Poco tiempo después de la publicación de *La Franc-Masonería como vía del despertar*[1], se me sugirió redactar una obra equivalente para el martinismo afín de clarificar la confusa situación en la que se encuentra el martinismo contemporáneo en este comienzo de milenio. Entonces respondí que eso no era necesario, Jean-Marc Vivenza[2], Serge Caillet[3], Jean-Louis

[1] *La Franc-Masonería como vía del despertar* de Rémi Boyer, Editorial Masónica.es, 2016.

[2] Autor de un excelente *El Martinismo.* Las enseñanzas secretas de los Maestros, publicado por Ediciones Le Mercure, Dauphinois en 2006.

Ricard[4], son algunos nombres a recordar entre los «nuevos» especialistas del martinismo y que con sus trabajos, escritos y comunicaciones, han desarrollado al máximo la obra iniciada y muy avanzada por Robert Amadou. Contribuyendo, cada uno a su manera, a definir el marco de esta rama sorprendente y desde luego inesperada del iluminismo.

Louis-Claude de Saint-Martin estaría sin duda asombrado si observara todo lo que incluye actualmente el término «martinismo», los disturbios que genera, llegando incluso hasta el caos, desde el ocultismo casi supersticioso hasta la alta metafísica.

Sin embargo, lo que golpea al noble viajero que, de país en país, de lengua en lengua, de orden en orden, recorre el mundo martinista, es sin ninguna duda la permanencia de la experiencia revelada por el ritual martinista, sea cual sea la lengua utilizada, el ritual puesto en práctica o incluso la calidad de esa puesta en práctica.

---

[3] Serge Caillet propone, entre otros, un *Curso de martinismo*, disponible desde el Instituto Éléazar, www.institut-eleazar.org.

[4] Autor de una tesis titulada *Regeneración y creación literaria de Louis-Claude de Saint-Martin*, y de una memoria de maestría, *Estudio sobre El cocodrilo o la guerra del bien y del mal de Louis-Claude de Saint-Martin*, publicadas ambas en CIREM, BP 08, 581130 Guérigny-Francia.

Ya sea un ritual descuidado o realizado en la perfección de la presencia, al instante la «sensación» del Espíritu se mantiene. ¿De qué o de quién se trata? ¿Qué es lo que habita los templos martinistas edificados por todas las partes del planeta que no se encuentra ni en la Francmasonería ni en la Orden de los Caballeros Masones Elus Cohens del Universo, las dos órdenes hermanas más próximas a la Orden martinista? ¿No se tratará de esa dimensión del Corazón, de la especificidad de esa vía cardiaca sobre la que se han dicho y escrito bastantes más necedades que verdades, todas igualmente relativas?

Me parece pertinente buscar en algunos símbolos propios del martinismo qué es lo que caracteriza el eje cardiaco. El ensayo que resulte no pretende ser una exégesis del martinismo. Al contrario, manteniendo a distancia al intelecto, quien nunca libera, se trata de mostrar cómo el ritual martinista vehicula, con los operadores o a pesar de ellos, un poderoso presentimiento de la Libertad de nuestra propia naturaleza original.

En este ensayo, se presupone que ya conocéis lo que abarca el término «martinismo», su historia y sus historias, las personalidades que lo influyeron o lo constituyeron desde Jacob Boehme, Emmanuel Swedenborg, Martínez de Pasqually, Louis-Claude de Saint-Martin, Jean-Baptiste Willermoz, más tarde Papus, Stanislas de Guaita, los Compañeros de la Hierofanía y el Maestro Philippe, y por último en el siglo XX, los dos Robert, Robert Ambelain el operativo, y Robert Amadou el teósofo.

Recordemos brevemente[5], con éste último, qué incluye el término «martinismo».

En primer lugar es el Culto Primitivo de la Orden de los Caballeros Masones Elus Coens del Universo[6], fundada por Martínez de Pasqually (1710-1774) de la que Louis-Claude de Saint-Martin fue su secretario y sin duda su mejor alumno. Es la Teosofía de Louis-Claude de Saint-Martin[7] (1743-1803), en la encrucijada

---

[5] Leer *Martinismo* por Robert Amadou, 2ª edición revisada y aumentada, CIREM, 1997.

[6] Dos obras presentadas y comentadas por Robert Amadou son indispensables para la comprensión del Culto Primitivo: Las *lecciones de Lyon a los elus coens. Un curso de martinismo del XVIII° siglo por Louis-Claude de Saint-Martin, Jean-Jacques Du Roy D´Hauterive, Jean-Baptiste Willermoz.* Por Robert y Catherine Amadou. Primera edición publicada después de los manuscritos originales, Paris, Dervy, 1999; Martines de Pasqually.- *Tratado sobre la reintegración de los seres en su primera propiedad, virtud y potencia espiritual divina.* Promera edición auténtica desde el manuscrito de Louis-Claude de Saint-Martin, formulado y presentado por Robert Amadou, Le Tremblay, Difusión Rosacruciana, 1995.

[7] Las Obras completas de Louis-Claude de Saint-Martin están

de dos experiencias fundacionales, la experiencia de un Rosa-Cruz que ha realizado con éxito todas las operaciones Coens y el encuentro con la obra de Jacob Boehme de la que fue su traductor. Recordemos que Jacob Boehme, calificado a menudo como místico, fue también un hermetista operativo de altos vuelos.

Es el sistema masónico del Régimen Escocés Rectificado fundado por Jean-Baptiste Willermoz (1730-1824) a partir de la Estricta Observancia Templaria[8], impregnada de la doctrina de la reintegración de Martínez de Pasqually. La Profesión y la Gran Profesión, corona de este sistema, son una síntesis de la doctrina vehiculizada por el Culto Primitivo.

Es por último la Orden martinista y sus numerosas emanaciones, fundada en 1887 por

---

disponibles en Olms. Queremos llamar vuestra atención en las introducciones de Robert Amadou que nos permiten comprender mejor el pensamiento del Filósofo Desconocido.

[8] En 1778, en Lyon, el convento nacional de las Galias de la Estricta Observancia adoptó la reforma propuesta por Willermoz, que hizo del Rito Escocés Rectificado heredero de la doctrina coen. La Profesión y la Gran Profesión que constituyen la categoría secreta del Régimen Escocés Rectificado, son las encargadas de conservar la doctrina del Culto Primitivo. En 1782, en el convento internacional de la Estricta Observancia, Wilhelmsbad, Jean-Baptiste Willermoz y sus partidarios hacen adoptar la reforma de 1778. La Profesión y la Gran Profesión desaparecen oficialmente. Sin embargo esa categoría secreta proseguirá su obra oculta durante dos siglos.

Papus (1865-1916). Hoy, el conjunto de las órdenes martinistas constituye un movimiento vivo e influyente, portador de los principios y símbolos del iluminismo.

Será esta última expresión como corriente compleja y rica llamada «martinismo» la que vamos a atravesar, de una manera inhabitual para algunos, intentando identificar en qué el martinismo puede vehiculizar una vía del despertar. La lectura previa de *La Franc-Masonería como vía del Despertar* sería conveniente, sino necesaria. Todo lo dicho en ese ensayo, para calificar o descalificar la Franc-Masonería como vía iniciática verdadera, se aplica en efecto a las órdenes martinistas.

Entremos ahora en el interior del Templo martinista.

Dibujo extraído del ritual de 1909

# EL RITUAL MARTINISTA

> «Igual que el sol hace germinar las plantas en la superficie terrestre y da vida a lo que no la tenía, el hombre puede animar todo lo que le rodea y hacer fructificar todos los gérmenes invisibles que llenan su tenebrosa permanencia.»
>
> Louis-Claude de Saint-Martin

La lectura atenta, luego el estudio, antes de la puesta en práctica operativa, del ritual martinista y de un ritual muy particular, el de Robert Ambelain puesto en uso en el curso del segundo conflicto mundial, constituye una entrada pertinente al mundo martinista. Este ritual sintetiza en una sola ceremonia los tres grados de Asociado, Iniciado y Superior Desconocido que forman la escala tradicional de las órdenes martinistas.

El ritual con el que opera Robert Ambelain desde 1941 hasta 1952, estaba destinado a los

*Iniciados Libres*. Volveremos sobre esta noción y lo que implica en el marco de la transmisión. Fue fundamentalmente empleado para iniciar a los miembros del Supremo Consejo de la Orden martinista cuando Philippe Encausse decidió dinamizarla[9]. Es casi idéntico al ritual con el que operaban Georges Lagrèze, Jean Chaboseau, hijo de Agustin Chaboseau fundador de la Orden martinista Tradicional en 1931, y Henri Meslin, y al que empezó a utilizar para iniciar Robert Ambelain en diciembre de 1940. La historia es bien conocida y no abundaremos más en ella.

En este ritual encontramos los símbolos fundamentales constitutivos del martinismo y el espíritu iluminista heredado de Louis-Claude de Saint-Martin.

No es el ritual habitualmente utilizado en las órdenes martinistas que prefieren respetar la escala de grados clásica del martinismo. Este ritual está reservado para situaciones excepcionales en las que la ciencia del ritual se expresa, pero Robert Ambelain, gran operador,

---

[9] En 1952, Robert Ambelain usa el ritual llamado «de los iniciados de Saint-Martin» para transmitir la iniciación martinista a Philippe Encausse y a la mayoría de los miembros del nuevo Supremo Consejo de la Orden martinista que Philippe Encausse activa ese mismo año.

aprovechó esta formidable herramienta de transmisión.

El ritual contiene un solo grado de Superior Desconocido, pero integrando en su estructura los elementos esenciales que componen los dos grados precedentes, Asociado e Iniciado (o Asociado-Iniciado). Robert Ambelain precisó en la introducción al ritual, redactado al parecer en 1978, que este grado «no puede ser conferido más que a los solicitantes enriquecidos en materia de esoterismo, de ocultismo tradicional y con una cultura muy amplia», lo que deja entender las exigencias requeridas tanto en el ámbito del conocimiento como en el de la praxis.

Vamos ahora a descubrir el texto de este ritual, a excepción del juramento que no aportaría nada a nuestro estudio. En letra negrita, encontraréis todas las palabras o pasos que serán recogidos, estudiados directamente o explicados de forma crepuscular, en el resto del libro, siempre desde la perspectiva de una vía del despertar.

# RITUAL DE LOS INICIADOS DE SAINT-MARTIN[10]

## Preparativos

La estancia donde se desarrollará la ceremonia será psíquicamente adecuada, los espejos estarán velados, las luminarias profanas apagadas, a excepción de una vela encendida sobre un mueble sin ningún valor ritual.

Una mesa rectangular servirá de altar, orientada sobre el eje mayor de la estancia, o cara a la ventana, con mayor simbolismo. Se cubrirá con un triple mantel alternando los colores ne-

[10] Precisemos de nuevo que en el estado actual de la búsqueda no existe ninguna filiación ritual que se remonte a Louis-Claude de Saint-Martin de manera ininterrumpida, tanto en la filiación denominada de «Papus» como en la filiación llamada «rusa». Podemos sin embargo hablar de filiación intelectual, filiación espiritual, o, como a Robert Amadou le gustaba llamar, «filiación de deseo».

gro, blanco y rojo. Este último dominará sobre los otros dos en un tercio de la superficie de la mesa. Delante, el Iniciador, habrá dispuesto el ritual, un candelabro con tres brazos o tres velas dispuestas en trígono, con la base hacia el Iniciador; un quema-perfumes o un incensario con brasas, un porta-incienso, el Evangelio según San Juan abierto por el prólogo, una espada con la guardia crucial sobre el libro con la punta hacia la derecha del Iniciador.

Siempre a su derecha, habrá una butaca vacía sobre la que se habrá dispuesto una capa blanca del tipo de las órdenes caballerescas (la capa de los C.B.C.S.[11] hace perfectamente esta función), una máscara negra y un cordón rojo. Sobre la mesa que sirve de altar, a la derecha del operador, cerca de la butaca, una antorcha solitaria, con una vela blanca como las otras y un mallete ritual.

El Iniciador vestirá ropa oscura o negra; llevará el collar de Superior Desconocido y tendrá a mano el del solicitante. Puede operar con guantes blancos salvo para la transmisión frontal ritual. Estará enmascarado de negro.

---

[11] Caballero Bienhechor de la Ciudad Santa, último grado del Régimen Escocés Rectificado, anterior al acceso a la clase secreta de los Profesos y Grandes Profesos.

El recipiendario permanecerá en ayuno desde al menos seis horas y se abstendrá de relaciones sexuales desde al menos cuarenta y ocho horas. La fecha de la ceremonia se situará entre el quinto y el décimo días de la luna creciente. La hora se elegirá entre las veinte y las veintidós horas (del sol).

Los asistentes estarán dispuestos en dos filas una frente a otra y revestidos con el mismo collar de Superior Desconocido que el Iniciador.

Cara al altar se dispondrá un asiento para el candidato.

## Ritual

El Iniciador da un golpe de mallete y dice:

«Señor (o señora) os voy a conferir la iniciación tradicional según nuestro Maestro Louis-Claude de Saint-Martin, tal y como yo la he recibido de mi Iniciador, y tal como él mismo la recibió del suyo y así desde hace más de doscientos años. Pero previamente os invito, al igual que invito a mis Hermanos y Hermanas aquí presentes, a asociaros a mí **para santificar esta sala, afín de que se transforme, por la doble virtud de la palabra y el gesto, en el templo particular** donde se va a celebrar esta iniciación tradicional. Por eso, en la forma que antaño adoptaron nuestros Maestros, permitamos a los Símbolos manifestarse.»

El Iniciador enciende según el uso el trígono de las luminarias situado delante de él, empezando por la vela central, encendiendo seguidamente la situada a su izquierda y terminando por la de su derecha. Luego encadena:

**«Que esta única claridad, emanada de estas luminarias sin embargo diferentes, nos manifieste el Poder misterioso de Aquel que sostiene nuestro templo particular, que aquí vamos a elevar a la gloria de Dios y a la de su Hijo, el Verbo, Eterno e Increado, nuestro Señor. Porque al Comienzo fue la Palabra, la Palabra estaba con Dios, la Palabra era divina. Todas las cosas han sido hechas por ella, y nada de lo que fue, lo fue sin ella. En ella estaba la vida, y esa vida era para los hombres la Luz. Esa Luz en las Tinieblas, pero que las Tinieblas nunca recibieron.»**

El Iniciador enciende la vela situada a su derecha simbolizando a los Maestros pasados de la Orden, diciendo:

«Esto es en memoria de aquellos que han existido, que ya no están, y que existen una vez más, luminosos y vivos.»

El Iniciador vierte ahora el incienso en el incensario en tres porciones, después con la mano derecha (con o sin el incensario), traza en el espacio un gran Pantagrama bajo o en el humo perfumado. Y dice:

«Que este incienso ascienda hacia Ti, Señor, como lo hacía antaño en Tú Santo Templo de Jerusalén, a la hora del sacrificio de la noche.»

Después de un silencio, reanuda:

«Recojámonos mis Hermanos y Hermanas, para que nuestros espíritus y nuestros corazones estén en unión, más allá de la muerte, con los de nuestros Hermanos de tiempos pasados.»

Todos guardan silencio durante unos instantes.

El Iniciador prestará atención a las diversas manifestaciones del incienso que se consume en la brasa. Luego levanta la mano derecha, con el pulgar en escuadra y dice:

«Maestros venerados que habéis cruzado las Puertas y efectuado el último viaje, nuestra llamada se eleva hacia vosotros. Con todos nuestros Hermanos dispersos por el vasto mundo, dignaros ensamblarnos y unirnos, en este instante y en este lugar, con el espíritu y el corazón de cada uno de vosotros.»

El Iniciador después de un breve silencio, da lentamente tres golpes de mallete. Levanta seguidamente la mano derecha totalmente abierta con los dedos unidos y el pulgar en escuadra, diciendo:

«Poderes del Reino, ¡estad bajo mi pié izquierdo y en mi mano derecha! Gloria y Eternidad, ¡tocad mis dos hombros y dirigidme a las vías de la Victoria! Misericordia y Justicia, ¡sed el equilibrio y el esplendor de mi vida! Inteligencia y Sabiduría, ¡dadme la Corona! Espíritus del Reino, ¡conducidme entre las dos Columnas que sostienen todo el edificio del Templo! Ángeles de Netzach y de Hod, ¡fortalecerme sobre la Piedra cúbica de Yesod...»

El Iniciador guarda silencio algunos instantes y luego reanuda:

«¡Acuérdate de tus Palabras, o Eterno! Así Tú has dicho: El Cielo es Mi trono y la Tierra Mi estribo. ¿Qué morada Me edificaréis? ¿Cuál será el lugar donde podré descender y reposar? Porque todas esas cosas existen en ellas, en el principio... Así Tú has dicho, o Eterno. Y yo, me alegré en mi corazón cuando me dijo: Vamos hacia el Templo del Eterno, hacia el Templo del Eterno Dios. Y he aquí que mis pies se detienen a Tus Puertas, o Jerusalén celeste, Jerusalén construida como una ciudad muy unida. ¡Que la paz sea en tus muros y la seguridad en tus palacios! Porque si el Eterno no construye la morada, los que la construyen trabajan en vano... Dios Eterno, Sabio y Fuerte, Poderoso Ser de Seres, ven a este lugar, Santifícalo con Tu presencia y por Tu majestad, para que la pureza, la castidad y la plenitud de Tu Ley aquí residan. E igual que el humo del incienso asciende hacia Ti, que Tu virtud y Tu bendición desciendan sobre estas baldosas. Y todos vosotros, Ángeles y Espíritus celestes, ¡estad presentes en esta creación! Por Dios Santo, Vivo y Eterno, que os ha creado de la nada

**como a mí, y que en este mismo momento puede devolverme junto con todos vosotros a la Nada por su única Sabiduría... Amen.»**

El Iniciador hace silencio algunos instantes y luego continúa:

«Recibe, Señor, según el deseo del Filósofo Desconocido nuestro Maestro, el homenaje que Te rinden en este lugar Tus siervos aquí presentes. Que esta luz misteriosa ilumine nuestros espíritus y nuestros corazones, como iluminó antaño las obras de nuestros Maestros. Que estas antorchas iluminen con su vivificante claridad a los Hermanos reunidos en Tu nombre. Que su presencia sea constantemente un vivo testimonio de su unión.»

Silencio.

El Iniciador prosigue:

«En nombre del Verbo, Eterno e Increado, por quien toda luz y toda verdad se manifiestan, yo declaro legítima y válida esta asamblea, reunida bajo los auspicios de nuestro Maestro el Filósofo Desconocido, con el propósito de perpetuar la influencia mística que ha depositado en nosotros. Evoquemos ahora la presencia de nuestro Maestro con una exposición de la doctrina que él ha fundado.

El principio, la raíz del Ser, es lo Absoluto. **Lo Absoluto, al que las religiones llaman Dios, no se puede concebir y quien pretenda definirlo desnaturaliza su noción haciéndolo limitado. Pero de ese insondable Absoluto emana eternamente la Diada andrógina formada por dos principios indisolublemente unidos: el Espíritu vivificador y el Alma viviente universal. El misterio de su unión constituye el gran arcano del Verbo.** Sin embargo el Verbo, es el Hombre colectivo considerado en su síntesis divina, antes de su desintegración. Es el Adán celeste anterior a la Caída, anterior a que ese Ser Universal se hubiera modulado pasando de la Unidad al Número, de lo Absoluto a lo Relativo, de la Colectividad al Individualismo, de lo Infinito al Espacio y de la Eternidad al Tiempo.

Incitados por un móvil interior del que debemos callar aquí su naturaleza esencial, y que definiremos como una sed egoísta de existencia individual, un gran número de Verbos fragmentados, consciencias potenciales, vagamente despiertas a modo de emanaciones en el seno del Verbo absoluto, se separaron del Verbo que las concibe. Se desprendieron, ínfimos submúltiplos, de la Unidad-madre que las había engendrado. Simples rayos de ese Sol oculto, lanzaron al infinito de las Tinieblas su individualidad, querían la independencia de cualquier principio anterior, en una palabra: autonomía. Pero como el rayo luminoso solo existe como existencia relativa en relación con el hogar que lo produce, esos verbos, igualmente relativos, desprovistos de un principio autodivino y de luz propia, se oscurecieron a medida que se alejaban del Verbo absoluto. Cayeron en la Materia, en la mentira de la Sustancia, en el delirio de objetividad y en la Materia que es el no-Ser mientras que el Espíritu es el Ser; descendieron hasta la existencia elemental: hasta la animalidad, hasta lo vegetal, hasta lo mineral.

Así nació la Materia que inmediatamente desarrolló el Espíritu, y el Universo concreto tomó una vida ascendente que se remonta desde la piedra, dura cristalización, hasta el hombre susceptible de pensar, de rezar, de tener inteligencia y dedicarse a sus semejantes. Esta repercusión sensible del Espíritu cautivo, sublimando las formas progresivas de la Materia y la Vida para intentar salir de su prisión, lo constata el estudio de la ciencia contemporánea con el nombre de evolución. Esta evolución, es la universal redención del Espíritu. Evolucionando el Espíritu se remonta. Pero antes de remontar había descendido. A esto llamamos involución. ¿Cómo el submúltiplo verbal se ha detenido en un punto dado de su Caída? ¿Qué fuerza le ha permitido dar marcha atrás? ¿Cómo la consciencia entumecida de su divinidad colectiva se ha despertado por fin en él? Este tipo de profundos misterios ni siquiera los podemos tratar aquí. Nuestra Orden limita sus pretensiones con la esperanza de fecundar los buenos terrenos sembrando por todas partes buen grano. Las enseñanzas de los Superiores Desconocidos son precisas, pero igualmente elementales. Estas palabras y esta breve enseñanza son para meditar largamente. Resumen más o menos todo el programa del Martinismo llamado de Saint-Martin. Y si nuestra venerable Orden puede, en su universalismo, recibir a los solicitantes venidos de diversos horizontes religiosos, no es menos evidente que las creencias primeras de estos «hombres de deseo» deben tender de manera general a no exacerbar su personalidad psíquica con vistas a obtener poderes irrisorios y peligrosos para su futuro espiritual, sino, ante todo, a armarlos moral y espiritualmente en vistas al combate que luego tendrán que entablar contra esas potencias del error y de la perturbación que han hecho romperse al Hombre Colectivo desde el alba de los tiempos.

Y ya es hora, Hombre de deseo, de pediros prestar el juramento tradicional de los Iniciados a nuestra Orden, que voy a leeros y que repetiréis enseguida detrás mío, palabra por palabra, serviros poneros en pie y levantar la mano derecha por encima de los símbolos.»

Así lo hace. Luego el Iniciador hace firmar el mismo texto al solicitante, entonces clava la hoja en la punta de la espada **y la enciende en el fuego de la vela de los Maestro pasados.**

El Iniciador dice entonces:

«El tiempo altera y borra la palabra del hombre, pero lo que se confía al fuego perdura para siempre.»

Guardando la espada dice:

«De pie mis Hermanos y Hermanas, ¡Asistidme! Voy, con vuestra asistencia y la de nuestros Maestros, transmitir la iniciación a nuestra Orden a este Hombre de deseo.»

El Iniciador, o un asistente, colocan la máscara sobre la cara del solicitante y dice:

«Con esta máscara, **vuestra personalidad mundana desaparece**. Os convertís en un desconocido entre otros desconocidos. Ya no tenéis que temer las susceptibilidades mezquinas que coercen vuestra vida cotidiana, en medio de un mundo hostil, acechado sin cesar. Inspiraos del profundo simbolismo de este antiguo uso, en apariencia inútil. Os encontráis solo, frente a hombres que no conocéis, no tenéis nada que pedirles aunque todo que darles. **Porque es de vos mismo, de vuestro aislamiento del que sacaréis la llama que iluminará vuestra vida interior**... Desconocido, no tenéis órdenes o consignas que recibir de nadie en el mundo profano. Solo sois responsable de vuestros actos delante de vos mismo, delante de vuestra consciencia, ese temible maestro que debéis tomar siempre por consejero. Porque él es, el juez inflexible y severo que tiene por misión llevaros hacia vuestra fuente original.

Esta máscara os aislará del mundo durante vuestros trabajos, os enseñará igualmente a conservar secretos vuestros pensamientos, secretos vuestros móviles, secretas vuestras acciones. Os recordará vuestro juramento de silencio. Es la imagen del velo que mantendréis a partir de ahora ante la Luz Oculta, ya que debéis igualmente mantener su misterio ante aquellos a los que el Dios supremo ha creído bueno esconderlo.

Por esta máscara, sabréis también ser un desconocido para aquellos que hayáis librado de la ignorancia, sabréis sacrificar vuestra personalidad todas las veces que actuéis como su superior desconocido. Así, justificaréis la divisa de los Hermanos del Temple: «Nada para nosotros, Señor, sino para la Gloria de Tu Nombre...»

Se deposita sobre la espalda del solicitante la Capa de la Orden.

El Iniciador continúa:

«Hombre de deseo, aislado en el estudio de vos mismo, es solo con vuestra meditación solitaria como conseguiréis recrear vuestra personalidad espiritual. Así, en lugar de dejar a vuestros instintos forjaros un ego ilusorio, inestable y hasta perverso, es solo vuestra alma, ese Dios interior, quien lo forjará poco a poco a lo largo de los días. Sin embargo ¡tened cuidado! Las fuerzas de las tinieblas, desencadenadas contra el nuevo elegido que nace a la Luz podrían arrojarse contra vos. **Aprended entonces a replegaros sobre vuestra ca-**

**pa misteriosa**. Ella os hará insensible a los ataques de los auxiliares de la Naturaleza corrupta e inferior.

Se ciñe entonces, bajo la capa, el cordón alrededor de la cintura del solicitante.

«Hombre de deseo, por este cordón, que llevaréis ahora bajo vuestra capa, os transformáis en alguien aislado, al abrigo de las fuerzas maléficas que os asediarán durante vuestros trabajos. **El cordón, símbolo del círculo mágico y de la cadena tradicional**, os une a vuestros Hermanos y Hermanas y a vuestro Iniciador y también os une a todos los que ya no están, pero que esta noche, en espíritu, sin embargo están aquí, invisibles pero presentes. El cordón es la imagen de la cadena que os une a vuestros Hermanos y Hermanas, la máscara la del secreto, la capa la del silencio y la prudencia.

**Ahora, viajero desconocido y solitario, continuaréis recorriendo el ciclo de la vida presente. Os someteréis de nuevo a los poderes rectores del Espacio y el Tiempo. Seréis el mensajero de la Palabra, el agente dócil de la Causa Primera, el Sembrador de la verdad. En comunión espiritual con todos vuestros**

**Hermanos y Hermanas, vivos y muertos.**

**A vuestro paso, sembrando gérmenes de luz y sabiduría, proseguiréis vuestro periplo iniciático. Cada vez que el azar o la necesidad lo impongan, llamaréis a una nueva puerta. En todo lugar donde brille la estrella de los magos, reconoceréis una nueva etapa. Buscaréis el Conocimiento en todos lados.** En el seno del firmamento estrellado, en el evocador simbolismo de las constelaciones, en los amarillentos pergaminos, en el resplandor de los atanores o en las bóvedas de los monumentos sagrados. Pero la Sabiduría, solo la encontraréis en lo más profundo de vuestro templo interior, ahí donde, según la promesa, en las tinieblas del santuario, ¡Dios habla a veces a Israel!»

Y cada aniversario de este día, **escrutando vuestros recuerdos tras la máscara emblemática**, constataréis que vuestro saber ha aumentado. De ese modo, en vuestra esfera inmediata, habréis trabajado, a veces inconscientemente y sin percibirlo, en la edificación de un universo mejor, lo mismo que habréis creado en vos mismo, el germen del futuro dios. Podréis entonces justificar estas palabras proféticas: «Aquellos que hayan poseído el divino conocimiento lucirán con todo el brillo de los Cielos, pero aquellos que lo hayan transmitido a los hombres según las vías de la justicia, brillarán como las estrellas por toda la eternidad...»

El Iniciador se sitúa entonces delante del solicitante, le hace arrodillarse, se quita el guante de la mano derecha, posándola sobre la cima de la cabeza del candidato, y pronuncia la fórmula de investidura:

«Yo X (nombre en la Orden), regularmente iniciado por Y (nombre en la Orden de su propio iniciador), en el nombre de Dios Todopoderoso y Eterno, en virtud de los poderes que he recibido, **te creo, recibo y constituyo Superior Desconocido** de nuestra Orden según el pensamiento de Louis-Claude de Saint-Martin, con su permiso, por su orden y bajo sus auspicios. Levantaros mi Hermano (o Hermana).»

El Iniciador coge entonces la mano derecha del nuevo Hermano (o de la nueva Hermana) y la levanta frente a la vela de los Maestro pasados.

«Hermanos, os presento a X (nombre en la Orden del nuevo Superior Desconocido), Superior Desconocido de nuestra Orden al que os ruego agreguéis entre nosotros.

Se hace silencio y se observan las posibles manifestaciones de la llama de la vela de los Maestros pasados.

El Iniciador prosigue:

«Mis Hermanos y Hermanas, **sírvanse retirar al nuevo miembro de nuestra Orden los tres símbolos con los que lo acabamos de revestir**.»

Así se hace. El Iniciador reanuda:

«Mi hermano (mi Hermana), recibe el collar blanco de los Superiores Desconocidos de nuestra Orden y su Pantáculo secular. ¡Llévalos hasta la victoria! Que sea a partir de ahora el escudo protector de tu pecho, y que delante suya se desvanezcan y desaparezcan las potencias maléficas hostiles al Hombre.»

Silencio.

El Iniciador:

«Mis Hermanos y Hermanas, formemos la cadena fraternal, en unión espiritual con nuestros Hermanos de tiempos pasados.»

Todos forman la cadena. El Iniciador recita entonces el Salmo CXXXIII:

«Es algo excelente y dulce cuando los Hermanos viven en estrecha unión. Es como cuando el preciado aceite que, vertido sobre la cabeza, fluye por la barba, la barba de Aaron, humedeciendo los bordes de su túnica, como el rocío del monte Hermon, descendiendo en las colinas de Sion, ahí donde Dios ha puesto su Bendición, ahí donde la vida es feliz para siempre... Amen»

Todos repiten: «Amen».

El Iniciador:

«Hermanos y Hermanas, rompamos la cadena y regresemos a nuestros puestos.»

El Iniciador enuncia entonces la fórmula de clausura de los trabajos:

«Que la Paz, la Alegría y la Claridad, estén en nuestros corazones y en nuestros labios, ahora y hasta el día de nuestra muerte. Ángeles y Espíritus que nos habéis asistido, que la Paz de Dios esté siempre entre vosotros y nosotros, al regresar a vuestras bienhechoras estancias.»

Apaga con el apaga-velas o con los dedos la vela de los Maestros pasados, luego las luminarias del altar, en orden inverso al de su encendido: la vela de la derecha, la de la izquierda y la del centro.

El Iniciador:

«Mis Hermanos y Hermanas, los trabajos están cerrados. Retirémonos en paz»

# LAS PROPUESTAS MARTINISTAS

> «¿Por qué somos inmortales? Porque descendemos de la esencia y las facultades de Dios y un ser vivo y eterno no puede producir seres perecederos.
> ¿Por qué no estamos con Dios como la unidad misma? Porque estamos separados de Dios y sus facultades no lo están y no lo pueden estar, porque ellas son tan Dios como él.»
>
> Louis-Claude de Saint Martin

Antes de examinar más adelante el ritual llamado de *los iniciados de Saint-Martin*, es útil interesarse por la obra del Filósofo Desconocido que sigue siendo el marco general en el que se inscriben los rituales, las operaciones y las órdenes martinistas.

Este es un estudio del tejido martinista a partir de las ideas fundamentales identificadas en Louis-Claude de Saint-Martin y desarrolladas en sus escritos. Para ir más lejos, sería necesario sino indispensable, estudiar los destacados prólogos y presentaciones de los libros de Louis-Claude de Saint-Martin redactados por Robert Amadou para la edición de las obras completas del Filósofo Desconocido publicada por el editor Georg Olms.

Más que hacer un catálogo de citas, parece más útil extraer las ideas que constituyen los vectores del pensamiento del Filósofo Desconocido, pensamiento vivo que se nutre de la experiencia espiritual y del encuentro con las obras de otros grandes buscadores, desde Emmanuel Swedenborg hasta Jacob Boehme. Encontramos trazos de esta evolución en la sucesión de los escritos de Louis-Claude de Saint-Martin. Indicamos, para cada una de las ideas presentadas a continuación, la fuente, o una de las posibles fuentes, en los escritos del Filósofo Desconocido para que el lector pueda fácilmente acudir a la obra tratada del sujeto mencionado.

- Solo el Verdadero Filosofo, Desconocido de hecho, es decir no actuando como «persona» sino como ser libre, desenmascarado y por lo tanto sin cara, tiene acceso a la Verdad. Todos los demás son arrastrados por los errores de la re-presentación, y esta será enciclopédica, filosófica, religiosa, cientificista o incluso pretendidamente iniciática. (*De los errores y de la Verdad*).

- Dios, Cristo y yo. La reintegración: yo en Cristo, Cristo en Dios, yo en Dios, Dios en mí, el Uno. (*De los errores y de la Verdad*)
- No hay Reintegración sin la gracia de la Sophia. (*De los errores y de la Verdad*).
- El hombre es el punto de consciencia de lo Divino en las tinieblas de la creación. (*De los errores y de la Verdad*).
- La materia no es verdadera. Conviene pasar a través suya para tocar lo Real. (*De los errores y de la Verdad*).
- Existe una cadena de correspondencias que permite elevarse o perderse. Consciencia iluminada o consciencia oscurecida. Esa red multidimensional constituye la creación. (*De los errores y de la Verdad*).
- El ser humano es portador de opciones. Su libre albedrío orienta la creación hacia la luz o hacia la oscuridad. (*De los errores y de la Verdad*).
- La iniciación se opone a lo múltiple. La simplificación tiende, incluso introduce, al Uno. La Verdad se encuentra en el centro.

Cualquier error es un aspecto descentrado de la Verdad. La Verdad es no-humana, es decir no-condicionada. (*De los errores y de la Verdad*).

- La Verdad y sus declinaciones solo son accesibles y perceptibles en el Silencio y el Secreto. Ellas dependen del indecible y del inefable. (*De los errores y de la Verdad*).
- La Belleza exige secreto y exclusividad. Aquellos que no saben «ver», no serán invitados a «ver». (*De los errores y de la Verdad*).
- Las formulaciones son vanas. El lenguaje engaña a la consciencia. Es la contemplación de la esencia en lo interno donde se levanta el velo. (*De los errores y la Verdad*).
- El hombre es la firma misma de Dios. Lo demuestra divinizando no solamente a sí mismo, sino a la totalidad. *Hombre de deseo,* deja libre el lugar al Espíritu para la llegada del *Hombre Nuevo,* único habilitado para lograr el *Ministerio del hombre-espíritu* a beneficio de todos los seres. (*Cuadro natural de las relaciones que existen entre Dios, el hombre y el universo*).
- La Gran Obra tiene un doble aspecto, interno pero externo en apariencia, interno y

externo en realidad. (*Cuadro natural de las relaciones que existen entre Dios, el hombre y el universo*).

- En el Silencio, la Voluntad libre y absoluta del Ser llama al Verbo para que nos llene. Sin Silencio, no hay Verbo. Sin Verbo, no hay retorno al Uno. (*Cuadro natural de las relaciones que existen entre Dios, el hombre y el universo*).
- El fuego del deseo nutre nuestra imitación del centro de toda cosa. El deseo, que se construye en y por la alteridad, se transforma en voluntad cuando se une al centro y la imitación se convierte en pura creación. (*Cuadro natural de las relaciones que existen entre Dios, el hombre y el universo*),
- La interna es la vía directa para la reintegración, una vía sin símbolo y sin firma. La teosofía solo es interna. (*Cuadro natural de las relaciones que existen entre Dios, el hombre y el universo*).
- La iniciación se dirige al hombre de deseo, el hombre que quiere abandonar el torrente por deseo de Dios y que se reconoce a sí mismo como el deseo de Dios, que es el deseo de Libertad. El iniciado es un hombre libre, libre de sí mismo. (*El Hombre de deseo*).

- Dios es el principio del hombre. El hombre es la mano, el corazón y el ojo de Dios. También su espejo. (*El Hombre de deseo*).
- El deseo se opone a los impulsos. Es un deseo vertical, ascendente, un poder mágico, único, cuyo objetivo es extraerse del mundo ilusorio, radicalmente. La iniciación es por lo tanto un abandono. (*El Hombre de deseo*).
- La iniciación hace pasar del Cristo sufriente al Cristo glorioso. (*Ecce homo*).
- El Hombre es el medio de Dios. Solo es posterior a él en la temporalidad. En el centro, fuera del tiempo, el medio y el principio son Uno. (*Ecce homo*).
- El Hombre es el medio entre su naturaleza original, divina, y su naturaleza última, divina. (*Ecce homo*).
- Todo lo que no conduce al centro, todo lo que no despierta, mantiene en la prisión de las representaciones. De las identificaciones, de los demonios. (*Ecce homo*).
- Dios nos llama al centro. Los demonios son por lo tanto periféricos. (*Ecce homo*).
- Pararse en el camino hacia el centro, es arriesgarse a identificarse con una verdad parcial que se degradará rápidamente en error y confusión. (*Ecce homo*).

- El Hombre Nuevo es nuevo porque es más antiguo que lo antiguo. El hombre viejo borrado, es el hombre original que se afirma. (*El Hombre Nuevo*).
- El Hombre Nuevo, cuyo modelo es Cristo - ya no estamos en la imitación - liberado de los condicionamientos del cuerpo y de la psique, vive por el espíritu. (*El Hombre Nuevo*).
- El Hombre Nuevo es generado, o regenerado, por el deseo de regreso al centro de todas las cosas y por su erección a la vez que su elección. Condición misma de la reintegración. (*El Hombre Nuevo*).
- El Hombre Nuevo, pensamiento de Dios, medio de Dios, es también su Verbo, su Voluntad, su Celebración, su Teúrgia. La teúrgia ceremonial que invoca, exige la cooperación de todas las fuerzas y emanaciones, prepara a la teúrgia interna, en la misma jerarquía que los espíritus. (*El Hombre Nuevo*).
- Dios, Cristo, los ángeles, el «buen compañero», todos en él, en el Hombre Nuevo, y todos por él. (*El Hombre Nuevo*).
- Los ángeles cooperan. El Hombre es la llave. (*El Hombre Nuevo*).

- Dios, Cristo y Espíritu Santo. Pero también Sophia, inseparable de Dios. (*El Hombre Nuevo*).
- La naturaleza original del hombre es andrógina. Es la Sophia quien restaura esa androginia por un matrimonio renovado con el alma cuando el Hombre Nuevo recobra su naturaleza divina. (*El Hombre Nuevo*).
- Si por la unión con el Espíritu de Cristo, dejamos a los números vivir en nosotros, entonces la Gran Obra se desarrolla en la perfección. (*El Hombre Nuevo*).
- El hombre es mediador entre el bien y el mal. Y también campo de batalla entre uno y otro. La Verdad y la Sophia le asisten para que, en él y por él, el bien prevalezca. (*El Hombre Nuevo*).
- Silencio, pensamiento, verbo y operación, tal es el desarrollo de la acción del Espíritu Santo. (*El Hombre Nuevo*).
- El calidoscopio de nuestra vida espiritual debe finalmente dar una única imagen, la de la unidad universal. (*El Hombre Nuevo*).
- Por el bautismo invisible, el segundo bautismo, divino, ya no humano, el Hombre

Nuevo, cuerpo, alma y espíritu, se convierte en el receptáculo de la palabra divina y las siete vías del Espíritu se abren en él lo mismo que los doce dones que dormían en su ser hasta entonces. (*El Hombre Nuevo* y *El Ministerio del hombre-espíritu*).

- Por el conocimiento analógico y el poder transmutatorio, el Hombre Nuevo discierne la ley detrás de la tradición y revivifica la tradición por la ley, la ley del Espíritu. (*El Hombre Nuevo*).
- No es por la forma sino por el fuego que el Hombre Nuevo opera. (*El Hombre Nuevo*).
- El espíritu va al espíritu. Lo inalcanzable va a lo inalcanzable. Es el hombre quién tiene que dar el primer paso. (*El Hombre Nuevo*).
- El Hombre Nuevo es el punto en el centro del hexagrama, punto de equilibrio perfecto entre el ternario divino y el ternario espiritual, lugar donde se ejerce el Ministerio del hombre-espíritu. (*El Hombre Nuevo* y *El Ministerio del hombre-espíritu*).
- El Hombre Nuevo sabe en su carne que toda la historia de Cristo se despliega en su carne mediante una transfiguración, verdadero renacimiento, que no solamente le ha-

ce abandonar la prisión del mundo, sino que transforma esa prisión en una estancia elevada. (*El Hombre Nuevo* y *El Ministerio del hombre-espíritu*).

- Quien consuela es también quien libera. (*El Hombre Nuevo*).
- Es por alquimia interna como las sustancias espirituales se extraen de la corporalidad pesada. Esa muerte voluntaria anterior a la muerte es la puerta que permite la salida de la tumba. (*El Hombre Nuevo*).
- El Hombre Nuevo, en su cuerpo glorioso, reina menos por poder que por amor. (*El Hombre Nuevo*).
- El Hombre Nuevo aprovecha y se aprovecha del Espíritu de las Cosas para ejercer el Ministerio del hombre-espíritu. (*Del espíritu de las cosas* y *El Ministerio del hombre-espíritu*).
- El conocimiento se activa en el movimiento del espíritu al buscarse a sí mismo en las cosas que engendra por «imaginación mágica». (*Del espíritu de las cosas*).
- Tierra-cuerpo-alma-espíritu-Dios, una dimensión que se juega con reflejos. Juego de espejos, materiales, espirituales, divinos, hasta el más alto de los Cielos. Saber leer las

difracciones de la luz hasta en la naturaleza permite quedarse en la verticalidad. (*Del espíritu de las cosas*).

- El Hombre Nuevo un punto en el espejo de la Sophia sin la que Dios no puede pensar ni contemplarse, con-templar su imaginar. Imaginar, es engendrar. (*Del espíritu de las cosas*).
- No os perdáis en las nominaciones. Cuanto más nombráis menos sois. Cuanto más nombráis menos percibís los números-raíces y las letras inefables de las cosas. (*Del espíritu de las cosas*).
- La vía es al principio negativa, es necesario romper, renunciar, abandonar. Ni esto ni aquello. En el Silencio, es el ser quien llama a lo divino verdadero, lo divino bello, lo divino bueno. Ahí lo divino responde por la Gnosis y las beatitudes. (*El Hombre Nuevo* y *Del espíritu de las cosas*).

La simple lectura, y mucho más el estudio de la obra saint-martiniana capta inmediatamente que no estamos en presencia de un dogma religioso ni de una doctrina confusa, sino de una profunda enseñanza nacida de una gran experiencia del Ser. Louis-Claude de Saint-Martin escribió esa experiencia fundadora en su propia lengua, lengua que nos resulta muy accesible. Los ocultistas de finales del siglo XIX y principios del XX, Papus y Stanislas de Guaita, a la cabeza de los Compañeros de la Hierofanía, han traducido la herencia saint-martiniana a otro lenguaje, el de su tiempo todavía marcado por la influencia romántica, y el del ritual y su poesía en particular.

Hoy, sin traicionar esas dos expresiones legítimas, es posible extraer lo esencial que funda la vía martinista, a menudo calificada de vía del corazón, como una vía del despertar, para expresarlo en un lenguaje más actual.

# SAINT-MARTIN NO-DUALISTA

Toda tradición iniciática es por esencia no-dualista aun cuando su expresión temporal se presente bajo una modalidad dualista, tanto en razón de la estructura aristotélica del lenguaje o como consecuencia de un alejamiento de su origen. Las tradiciones del antiguo Egipto son no-dualistas, tanto la de Isis como la de Ra, fueron los griegos y sobre todo Plutarco quienes por ignorancia o estrategia hicieron una lectura dualista. Un dualismo griego que ha influido en los movimientos cristianos hasta la crispación dualista de la Iglesia de Roma, mientras que los cristianismos esotéricos permanecieron orientados hacia el no-dualismo.

La doctrina de la reintegración de Martínez de Pasqually, inscrita por Jean-Baptiste Willermoz en el Régimen Escocés Rectificado e interiorizada por Louis-Claude de Saint-Martin, puede parecer a primera vista dualista con sus dos caídas y sus grandes exorcismos. Sin embargo, la idea misma de la reintegración es fundamentalmente no-dualista e inclusiva de todo lo que se presenta por la anulación operativa de todas las separaciones.

La distinción realizada por Louis-Claude de Saint-Martin —hombre del torrente, hombre de deseo, hombre nuevo, hombre-espíritu— describe un proceso iniciático que va desde la fragmentación dualista del torrente hasta la unidad y libertad absolutas del Espíritu —dualidad, no-dualidad en la dualidad, no dualidad, ni dualidad ni no-dualidad— desde la reclusión en la dualidad hasta la libertad absoluta del Señor.

Una plegaria de Louis-Claude de Saint-Martin, soberbia tanto en su forma como en su dimensión operativa, expresa perfectamente la dimensión no-dual, la imposibilidad final de la separación de Dios. Es interesante que sea calificada de «teúrgica». En efecto, no es una invocación clásica de reintegración. Reconoce lo que es y sigue siendo la identidad del hombre y Dios, sea cual sea el estado de este último, para restablecer al ser conscientemente a su propia naturaleza, mediante una inversión tan audaz como eficiente.

En estas palabras, tenemos la esencia de la vía directa saint-martiniana.

## Plegaria teúrgica

Louis-Claude de Saint-Martin

*Ser universal, mira el estado del pecado que has puesto en mí; ten piedad de ti, apénate de tu propia suerte, reivindícate a ti mismo contra los usurpadores, mantente a ti mismo tu palabra, que el santo no verá ni un punto de corrupción. ¿Quién osaría disputarte tus derechos, si tan solo hicieras el gesto de reclamarlos?*

*Únete sin demorarlo ni un momento a todo lo que has sembrado en los diferentes parajes de tu ser, a todos esos tesoros que te pertenecen por un título irrefutable, puesto que ellos no son otra cosa que tú mismo; vuela en tu propio rescate, porque no hay ni una porción de mí que no te sienta en peligro y expuesto al más vergonzoso resultado y a los más terribles tormentos.*

*Un solo gemido, un grito, una amenaza son suficientes para que todo vuelva a su orden y para que la vida no sea separada de la vida. Llevas la generosidad hasta llegar a cuidarte de mis alegrías; ¡Cómo no llevarte la ternura hasta llegar a ocuparme de tus dolores! ¡Tú quieres que viva, y yo no soñaría más que en impedirte morir!*

*No es por mí por quien te quiero rezar. Solo te quiero rezar por ti, quiero hacer por ti lo mismo que tú haces sin cesar por los hombres; porque es por ellos y no por ti por quien te ocupas de ellos.*

Fondos Z, dosier Chauvin, A2,
pieza 13; autógrafo
Puesta al día por Robert Amadou
Publicada en *El Espíritu de las Cosas*
(CSM nº XVII)

# COMENTARIO DEL RITUAL

«El Universo, está a la vez lleno de pruebas y de incrédulos.»

Louis-Claude de Saint-Martin

Precisemos nuevamente, que no se trata aquí de realizar una exégesis hermetista o iluminista del ritual y su simbolismo, sería suficiente para al lector con remitirse a las obras del Filósofo Desconocido y a los destacados trabajos de determinados buscadores. Este comentario quiere demostrar en qué el Martinismo, hoy como en sus comienzos, es un excelente vehículo para las filosofías y praxis del Despertar y recordar así que las órdenes martinistas tienen por lo tanto una responsabilidad muy particular en este ámbito.

## La función iniciática

Las órdenes iniciáticas tienen por función, incluso por misión, preparar a los buscadores para la Gran Aventura, la búsqueda de lo Absoluto, de lo Real, de la Liberación, del Despertar, del Sí, de la Experiencia Última, de la Reintegración Final según la doctrina de la Orden de los Caballeros Masones Elus Coens del Universo, inscritos en el interior del Martinismo.

Poco importa la expresión escogida para indicar la liberación de cualquier límite y condición, en el fondo es la experiencia de su propia permanencia trascendente.

Ya dijimos en otra parte[12], como podía declinarse la iniciación:

«En las vías del Despertar, distinguimos cuatro relaciones con lo Real. Si el buscador capta inmediatamente que él es lo Absoluto, la búsqueda está acabada, aquí y ahora, para siempre, no ha comenzado en modo alguno. Todo está cumplido. Si no capta lo Absoluto, pero percibe el juego de la Consciencia y la Energía,

---

[12] *El Discurso de Venecia* de Rémi Boyer, Ediciones Rafael de Sutis, 2007.

juega en lugar de ser jugado. Si el buscador permanece ajeno al juego de la Consciencia y de la Energía, entonces celebra y respeta los ritos. Si no comprende el sentido de los ritos, se pone al servicio de la alteridad, sirve a su prójimo.

La clave de la iniciación, la Línea de Silencio, conviene franquearla mediante un abandono, un salto en el vacío que sitúa en ese paso sin puerta entre los ritos y el juego divino, de la imitación a la invención, en ese enlace «cuántico» entre lo dual y lo no dual.

Este cuadrante, *altruismo - ritos - juego de la Consciencia y Energía - Absoluto,* puede expresarse en otros términos. Por ejemplo: *forma - símbolo - método - Despertar* o, en el dominio de la terapia: *medicación y cirugía - espagírica y medicina mediante plantas - alquimia y terapia energética - Despertar,* que es la última curación. Por último, de manera más provocadora: *estupidez*[13], que es el hecho de creer comprender y pasar al acto, *idiotez,* antídoto a la estupidez, que consiste en no comprender nada, bloqueo del pensamiento, preludio del

---

[13] Expresión de eso que Gilles Deleuze define como «el fondo digestivo y leguminoso» de lo humano.

silencio, después *locura controlada* y finalmente, *Despertar*.»

Toda la ciencia iniciática, todo arte iniciático, se emplea para conducir al iniciable a ese Silencio, verdadera Inmaculada Concepción, único paso obligado que cada uno debe descubrir y emprender para desgarrar el velo de las formas porque, nos dice el ritual, «Lo Absoluto, al que las religiones llaman Dios, no se puede concebir y quien pretenda definirlo, desnaturaliza su noción asignándole límites.» Es fuera del lenguaje, fuera del concepto, donde lo Absoluto, puede vivirse y conocerse en su totalidad permaneciendo indecible. Es desde fuera del lenguaje donde el ser humano puede acercarse a sí mismo, a su verdadera naturaleza original y última porque, como muy bien experimentó y enseñó Serge Célibidache, el gran Director de orquesta, en un dominio muy próximo al de la iniciación como es la música, cuando comprendemos que el comienzo y el fin son idénticos, todo es perfecto.

El ser humano debe hacer callar en sí el mundo de las representaciones, de los conceptos y del lenguaje, entrar al Silencio para percibir el mundo en lugar de concebirlo y conceptualizarlo, alcanzar ese estado objetivo, que diferencia lo que está vivo de lo que es vivido, grave accidente resultado de los condicionamientos.

La Línea de Silencio es una experiencia que nos hace abandonar lo múltiple y complejo por el Uno y simple, salir de la ilusión dual hacia la realidad no dual.

«A un lado y otro de la Línea de Silencio, dos mundos diferentes se distinguen: el Uno y el Otro, dos experiencias de lo Real, el Uno verdadero inmutable y eterno, mejor «interno», el Otro no verdadero, ilusorio y efímero, en apariencia exterior y temporal. La verdad y la no-verdad son sin embargo lo mismo.

En Uno, está el Ser. En Otro, la persona.

En Uno, estamos en estado objetivo, pura percepción de lo que está aquí. Universo percibido. En Otro, permanecemos en estado subjetivo. Universo pensado, concebido[14].

En Uno, estamos inscritos en el no-tiempo del aquí y ahora. En Otro, estamos en el tiempo.

---

[14] Según Spinoza, podemos experimentar y sentir nuestra eternidad, podemos pensarla. La experiencia de la eternidad es para Spinoza una experiencia de la intensividad que se opone a la extensividad, intensividad de la que todos y cada uno ha tenido, al menos una vez, la intuición.

En Uno, somos los devoradores de los tiempos, pasado, presente y futuro. En Otro, somos presa del tiempo.

En Uno, estamos vivos, En Otro, somos vividos.

En Uno, estamos en el Silencio. En Otro, en el seno del ruido y el lenguaje[15].

En Uno, el Verbo es creador. En otro, la palabra está perdida.

En Uno, todo es libertad. En Otro, solo hay condiciones y límites.

En Uno, el cuerpo es Espíritu. En Otro, el cuerpo es materia.

En Uno, cualquier veneno se convierte en licor de dioses. En Otro, todo es tóxico.

En Uno, todo es inmovilidad perfecta y fluidez. En Otro, todo es movimiento y pesadez.

En Uno, todo es amor. En Otro, todo es deseo.

En Uno, todo es plenitud del vacío. En Otro, todo es el vacío desesperante de las formas.

Uno, es la sin forma. Otro, son las formas.

En Uno, somos invención. En Otro, somos imitación.

---

[15] Leer en *Mysterium Magnum* de Jacob Boehme. Ediciones Aubier, París, 1945, el pasaje dedicado al verbo y a la lengua sensorial, páginas 456 y 457.

En Otro, el triángulo poder-territorio-reproducción[16] actúa plenamente en todas las periferias de la experiencia. En Uno, ese mismo triángulo se verticaliza en un único punto de Vacío.»

La iniciación, que sigue siendo una contra cultura, es un proceso que aleja pues disuelve a la persona en la luz del Ser. El individuo, la parte indivisible de cada uno, que algunos calificarán de divina, esa parte de lo Real que persiste bajo el magma de periferias de la representación, puede reconquistar el lugar que es suyo, es decir cualquier lugar, Todo.

«Pero de ese insondable Absoluto emana eternamente la Diada androgénica formada por dos principios indisolublemente unidos: El Espíritu vivificador y el Alma viva universal. El misterio de su unión constituye el gran arcano del Verbo.» Precisa el Ritual. Si el lenguaje es impropio para entender lo Real, en la zona de silencio, de la unión de dos principios, Espíritu y Alma, Pneuma y Soma, nace el Verbo. El verbo es creador. Existe un colapso del

[16] El triángulo poder-territorio-reproducción fundamenta lo existente y la oposición entre los existentes, ya sean minerales, vegetales, animales o humanos, que quieren apropiarse de las partes consideradas como exteriores.

Verbo, desde su origen en el seno del Silencio, en su extensión como palabra en la temporalidad, su agotamiento en el lenguaje hasta confundirse con el ruido. Contrariamente al lenguaje, que diluye la consciencia en el sueño, el Verbo acompaña la consciencia acrecentada de aquello que Es.

Por eso la tradición insiste en el poder del Silencio, superior al poder del Verbo. Sin Silencio, el Verbo no es más que verborrea y ruido. Recordemos la célebre máxima del Filósofo Desconocido: «Deseo hacer el bien, pero no deseo hacer ruido, porque he sentido que el ruido no hace bien y que el bien no hace ruido.» El Superior Desconocido es un Silencioso Desconocido.

Podemos ilustrar el proceso iniciático con un esquema. Si «El mapa no es el territorio»[17] , el mapa puede ayudar al viajero a saber en qué parte del territorio situarse y donde orientarse sabiendo que el Oriente Iniciático está siempre «En el más Alto Sentido», como enseñó François Rabelais.

---

[17] Primer axioma de la Semántica de Alfred Korzybski.

ABSOLUTO
GRAN REAL
ESPÍRITU LIBRE
DIOS
*Mundo de la Esencia*
*Ni dual ni no-Dual*

*Absoluteidad* — *Eseidad*
*Espíritu* — *Alma*
*Pneuma* — *Soma*

*Mundo de la Consciencia - Energía*
*No-dualidad*

*SILENCIO*
*Estado objetivo*
*Ser*
*No Tiempo*
*Inmovilidad*
*Internalidad*
*Verbo*

*Mundo de la Forma*
*La persona - La máscara*
*Dualidad objeto - sujeto*
*Tener y Hacer*
*Temporalidad - Lenguaje - Palabra - Concepto - Movimiento*
*Estado subjetivo*
*Existencia*
*Poder - Territorio - Reproducción*

## Preliminares y prerrequisitos

Tres extractos del ritual nos proporcionan las indicaciones de lo que son los prerrequisitos o las pre-cualificaciones necesarias para abordar lo sagrado:

«La estancia donde se desarrollará la ceremonia de iniciación será psíquicamente adecuada, los espejos estarán velados, las luminarias profanas apagadas...»

Conviene «Santificar esta sala para que se transforme, por la doble virtud de la palabra y el gesto, en el templo particular donde va a celebrarse esta iniciación tradicional.»

«El recipiendario permanecerá en ayuno al menos seis horas, y se abstendrá de relaciones sexuales durante al menos cuarenta y ocho horas...»

Estos extractos ponen en perspectiva la cuestión de la persona profana y la persona sagrada por una parte y la maestría por otra.

Toda ceremonia de iniciación crea una «persona» sagrada y una «persona» profana, un tiempo sagrado y un tiempo profano. Este artificio en el seno de la representación del mundo tiene por función debilitar la fuerza egóica dividiéndola y constituir el primer testigo, es decir, el que observa el juego de las dos personas, sagrada y profana, en el seno de la persona condicionada, el paso de un tiempo a otro.

No volveremos sobre este juego del que es esencial su buen conocimiento para identificar las disfunciones que impedirían aparecer y crear las condiciones propicias para la iniciación.

Recordemos simplemente que la *Teoría de tres personas*[18] revela una serie de disfunciones que conviene saber identificar:

- Las disfunciones en el grupo, la obediencia o la orden.
- Las disfunciones en una u otra persona:
  - Disfunciones en el interior de la persona profana.
  - Irrupción de la persona profana en la persona sagrada.
  - Invasión de la persona sagrada por la persona profana.
  - Canibalización de la persona profana por la persona sagrada.
- Las disfunciones del testigo.

«Los espejos estarán velados.» Esta es una

[18] *La Franc-Masonería como vía del despertar* de Rémi Boyer. Editorial Masónica.es. 2016.

bellísima metáfora para designar que la consciencia ya no se mira en los reflejos de sí misma por el juego de las identificaciones. Donde yo miro no puedo ver mi imagen y reforzar así el juego «egóico». No me proyecto. No me estudio como sujeto. No me contemplo en una postura narcisista. Me instalo por el recuerdo del sí en un «aquí y ahora» donde pasado y futuro quedan excluidos, un lugar-estado en el que la «persona» no encuentra su propia imagen para nutrirse y nutrirla de una entropía mórbida. Advertid que los espejos están velados, pero existen siempre. Todavía no estoy liberado de la adhesión al ego, a la máscara, a la «persona», pero se, en el seno del paréntesis continente y benevolente del tiempo sagrado, sustraerme a su influencia tóxica.

«Las luminarias profanas estarán apagadas.» Igual que el Franc-masón abandona sus metales en la puerta del Templo, el iniciado martinista entra en el recinto sagrado sin los conocimientos profanos que le guían en su experiencia cotidiana. Los criterios, valores y creencias, a menudo no conscientes, que determinan sus elecciones comportamentales, emocionales e intelectuales en el mundo del tener y el hacer, son neutralizados para dejar que solo la luz del Ser ilumine el campo de su consciencia limpiándola de toda «terrenalidad», de toda impureza. «Psíquicamente adecuada» quiere decir sin pensamiento. Desde el punto de vista iniciático, cualquier pensamiento es impuro puesto que viene a velar o ensuciar la consciencia inmaculada del Ser.

Entonces, en esa zona de Silencio, la palabra y el gesto serán virtuosos, libres de cualquier intención, de cualquier deseo, de cualquier necesidad. La palabra será creadora, el gesto señalará la belleza. Una y otro no serán más que la celebración de eso que permanece. El templo particular donde se celebra la iniciación tradicional no es más que esa zona de Silencio, la Cámara del Medio del Maestro Masón.

El ritual evoca tres ámbitos. El candidato a la iniciación debe permanecer en ayuno y abstenerse de relaciones sexuales. No se hace alusión en este ritual a una tercera condición que generalmente acompaña a las dos precedentes, condición siempre utilizada en las órdenes de caballería un poco serias, pero que desgraciadamente se pierde, la de permanecer en vela. A través de esta triple demanda, poco exigente, se indica el primer ámbito, el del cuerpo grosero, saturnal, sin el cual no se podría dominar el cuerpo emocional, lunar, ni el cuerpo mental, mercurial. Eliphas Levi, del que es conocida su influencia en Papus y en los Compañeros de la Hierofanía, insistía en las abstinencias. «Saber usar y no usar, es poder usar dos veces».

Cualquiera que quiera avanzar en la vía, liberándose de los condicionamientos de la persona, deberá un día entrar en ascesis, vencer el hambre con un ayuno prolongado, vencer el mandato arcaico con la abstinencia sexual y por último, vencer el sueño velando, vigilia de plegaria o de meditación. No se trata solo de algunas horas, sino de algunas semanas para la nutrición, de algunos meses, o más, para la abstinencia sexual y de algunos días para la vigilia, hasta que el cerebro arcaico se someta a la llamada de la verticalidad.

Después de estas ascesis (penitencias), el hombre de deseo, cuyo deseo es así verticalidad, puede comer a su gusto, tener una vida sexual agitada si lo desea y dormir hasta quedar satisfecho. Pude usar y no usar. Domina de este modo los llamados poderes del cuerpo psíquico. Puede reemprender la ascesis cuando quiera o prolongar las delicias de la materia sin convertirse en su esclavo.

Recuerdo de si, dominio de las fuerzas arcaicas, silencio, he aquí en pocas palabras, las condiciones previas a la iniciación. La iniciación ritual es por lo tanto un reacondicionamiento, una re-orientación, una ruptura en el condicionamiento de la «persona» para dar el presentimiento del Ser, del Sí, de lo Real, de Dios. Realmente no existe iniciación en el sentido vulgarmente admitido, ni tampoco transmisión, otro concepto pervertido, puesto que la «persona» el «mí», no solamente no es iniciable, sino que constituye el obstáculo, y el Sí, Lo Real, «Aquello que permanece» no tiene necesidad de iniciación.

La iniciación es una brecha técnica en la representación, un quebrantamiento, y la trasmisión no es la recepción de cualquier depósito, sino una travesía, un salto en el Vacío y en la Plenitud del Ser. No es sino nuestra alienación conceptual, nuestra necesidad hipertrofiada de conceptos, nuestra identificación con la linealidad temporal y con la causa-efecto, quien reviste de formalismo y de formalidades anticuadas, lo que es infinito, indecible y permanente.

## De lo temporal y lo intemporal

La noción de Línea iniciática está muy arraigada en las corrientes tradicionales, tanto en Oriente, Extremo o Medio, como en Occidente, cristiano o no.

El martinismo lo explica a través de la noción de los Maestros Pasados: «Esto es en memoria de aquellos que existieron, que ya no están y que existen una vez más luminosos y vivos.» dice el ritual designando la antorcha de los Maestros Pasados.

Distinguiremos la noción de línea temporal, doble en sí misma, de la noción de línea vertical.

Haciendo referencia a los Maestros Pasados, el ritual martinista apela a la noción tradicional de línea para la transmisión de un depósito iniciático. La palabra «Tradición», etimológicamente, remite a la noción de trasmisión, pero la Tradición, en todas sus formas, concluye que no podemos ser iniciados más que por nosotros mismos, entendiendo nuestra realidad. La transmisión solo tiene sentido en la representación y no en lo Real, como ya sugerimos anteriormente. La trasmisión es multihistórica. No existe una historia sino historias, temporales, estructuradas por la lengua y la cultura, en las que o por las que la Tradición se expresa y se recibe, pasando por los filtros y los sesgos perceptuales de las personas. Reside en un conjunto más o menos coherente de mitos fundadores, símbolos generadores de sentido constituyendo un lenguaje sagrado y técnicas que contribuyen a una operatividad tradicional ya sea mántica, mágica, teúrgica o alquímica. Todo eso nace, vive, se transforma y muere en el mundo de la forma. Todo eso evoca, a veces invoca, el mundo de la consciencia-energía y después al mundo de la esencia, mundos que se tratan de conquistar, explorar o manifestar, según los sistemas de creencia. La función primera de la transmisión, que pasa a menudo, aunque no solo, por la iniciación ritual, es la de transformar al hombre o mujer del torrente, en hombre o mujer de deseo, después en darles las armas y herramientas necesarias para la realización del Hombre Nuevo, formándoles para hacerles hábiles en el manejo de esas herramientas. Cabe señalar que esas herramientas, esas armas, y el saber-hacer que las acompaña, son transmitidas a la «persona sagrada» bajo el vigilante ojo del testigo, que es el garante del buen uso de estos vectores de cambio.

La iniciación formal y la transmisión crean entonces un nuevo paradigma favorable a la iniciación en lo Real, dentro de la experiencia consciente del Sí.

La línea temporal vehicula las condiciones de la iniciación y no la iniciación en sí misma.

Esa línea temporal, espiritual, «oculta» o «iniciática», se distingue a menudo de la línea temporal ancestral y biológica, aunque a veces puedan coincidir. La línea ancestral manifiesta el triángulo arcaico de la especie, poder- territorio- reproducción. Puede referirse eficazmente, conjuntamente a la línea espiritual, por tratarse de modificaciones en el campo de la representación. Pensamos fundamentalmente en las terapias tradicionales que saben llamar a la energía ancestral.

La línea vertical, por el contrario, hace referencia a la salida de las periferias del tener y el hacer, al abandono de las representaciones, de los conceptos y creencias, a la incautación del eje de lo Real, del centro inmóvil. Podríamos decir, que la línea temporal en su doble aspecto, conduce a la línea vertical en la que debe desaparecer con la disolución del tiempo[19]. La

---

[19] La hipertrofia del sentimiento de filiación histórica, que ca-

iniciación, es el «alineamiento» de uno mismo. Los Maestros Pasados, son aquellos que por su renuncia al tiempo y al ego, han manifestado esa verticalidad que les hace «luminosos y vivos». El hombre y la mujer inscritos en el torrente, e incluso en el deseo de verticalidad, son vividos más que vivos, vividos por sus condicionamientos, sombríos más que luminosos, oscurecidos por el velo de los conceptos. Estarán de nuevo vivos, no como «personas», no como «egos», sino como Seres no identificados, no separados, libres de toda forma y capaces de todas las formas simultáneamente en el Sí.

Por otra parte, el ritual hace referencia al fuego de los Maestros Pasados, más que a las personalidades de los Maestros Pasados. Es notable que el iniciador haga firmar el juramento prestado por el solicitante y, «Atraviesa enseguida la hoja con la punta de la espada y la quema con del fuego del cirio de los Maestros Pasados». El registro del juramento, es decir el vínculo con la temporalidad, con la histo-

---

racteriza el milenio masónico y esotérico de nuestra época, nace de la ausencia de un eje iniciático. Muchos «iniciados» no hacen más que frecuentar las tradiciones, sin practicarlas. Exaltan entonces la necesidad de reconocimiento y afiliación en detrimento de la necesidad de realización.

ria, es entregado al fuego. La forma queda consumida. No queda más que el espíritu. El fuego de los Maestros Pasados es ciertamente esa fuerza de destrucción de las formas y los tiempos, que rompe todos los vínculos, libera el Sí y permite su radiación.

No se trata en ningún caso de una referencia a una hipotética supervivencia tras la muerte como ego o persona, ni de ninguna alusión a la reencarnación.

La supervivencia «post mortem» al igual que la reencarnación, son doctrinas exotéricas, con vocación pedagógica y terapéutica o incluso social y política, conceptualizadas por el ego que no acepta su propia desaparición.

Nuestra realidad nunca ha nacido ni podrá morir. Solo el miedo del «mí» frente a la nada justifica todas esas doctrinas tan contradictorias que solo tienen sentido en el interior del concepto del tiempo que como sabemos es ilusorio.

Recordemos que Louis-Claude de Saint-Martin no es reencarnacionista, que Martínez de Pasqualy ni hablar y que Emmanuel Swedenborg considera la reencarnación como una enfermedad del alma. La doctrina de la reencarnación se desarrolla en el seno de la Orden Martinista después que la Sociedad Teosófica la popularizase en los medios esotéricos.

Desde el punto de vista iluminista, lo que está en juego es convertirse en otro Cristo, dentro de este cuerpo, en esta vida, y no ahondar en supuestas encarnaciones pasadas o por venir, que son otras tantas formas suplementarias que atravesar para reunir la propia realidad intrínseca, otros tantos medios para el ego de huir del «Juicio» de lo Real, juicio que le hará inevitablemente desaparecer.

La manifestación de estas tres líneas, ancestral, espiritual y vertical, está representada en la «figura emblemática del universo» que vamos a explorar ahora. Esta figura, que calificamos de manera un tanto reduccionista como hexagrama, simboliza la función y la acción de las tres líneas. La energía arcaica de la línea ancestral se representa por el triángulo inferior, se recupera y rectifica por la acción de la línea espiritual, el triángulo superior, en el campo de la temporalidad, el círculo, para determinar una cámara del medio, la zona de Silencio, el hexágono, cuyo punto central simboliza a la vez la línea vertical y el punto de Vacío, el intervalo, puerta del Gran Real.

## De las triangulaciones

El martinismo está marcado por el número «tres»: tres grados, tres colores, el negro, el blanco y el rojo, que se refieren a las etapas de la Gran Obra Alquímica; tres cirios, tres símbolos fundamentales. El triángulo, solo o enlazado a su reflejo invertido para formar un hexagrama, quiere resumir todo el martinismo. Son estos «algunos puntos» los que fundan la iniciación martinista, estructurada por el número «tres» y que nos invitan a interesarnos por el célebre sello martinista, a menudo designado desde Papus, con la expresión «pantáculo[20] martinista» y del que se aprecia aquí su dibujo, de la mano del mismísimo Louis-Claude de Saint-Martin.

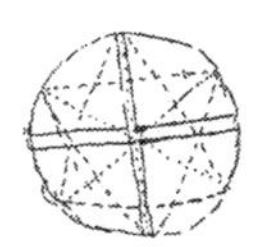

[20] La palabra «pantáculo», procede del griego *panta,* «todo». Designa cualquier figura geométrica que quiera representar una estructura universal, formal, energética o absoluta. La palabra no debe ser confundida con «pentáculo», del griego *penta,* «cinco», que designa la estrella de cinco ramas, símbolo del hombre realizado.

El «pantáculo martinista» proviene de Luis-Claude de Saint-Martin. Lo designa como «Figura emblemática del Universo». Le da una primera explicación en el tratado de los *Números*[21], en el que presenta la función: «Independientemente de las pruebas numéricas que encontramos en las adiciones teosóficas del 3 y el 4 para asegurarnos que el 4 es un número

central y el 3 un número del contorno, las leyes geométricas nos parecen muy convincentes para hacernos distinguir nuestro origen y el de la materia, para mostrarnos nuestra superioridad sobre cualquier naturaleza física, nuestras relaciones directas con nuestro principio y la duración inmortal de nuestro ser que encuentra la vida en la inmortalidad misma.»

La función del sello, es ayudarnos a comprender nuestra naturaleza original y diseñar las grandes líneas de lo que constituye una vía de inmortalidad, no de una inmortalidad para durar, sino una «internidad» concomitante al Despertar.

Luis-Claude de Saint-Martin apela a la geometría. Sabemos la gran importancia en el

[21] Manuscrito autógrafo forma parte del *Fondo Z*, depositado en la Biblioteca Municipal de Lyon y cuyas transcripciones han sido difundidas para su uso por el CIREM.

mundo de la iniciación de las geometrías sagradas, ya sea la geometría de los constructores, la geometría sabia o la geometría secreta de los intervalos. Manifiestamente, Luis-Claude de Saint-Martin era Geómetra en lo que se refiere a su exposición:

«Todas estas verdades, se encuentran escritas en el círculo dividido naturalmente en seis partes. El círculo natural se forma diferente que el círculo artificial de los geómetras. El centro llama al triangulo superior y al triángulo inferior, que reaccionando mutuamente, manifiestan la vida. Es entonces cuando aparece el hombre cuaternario. Sería completamente imposible encontrar ese cuaternario en el círculo sin emplear las líneas perdidas y superfluas, si nos limitáramos al método de los geómetras. La naturaleza no desaprovecha nada; coordina todas las partes de sus obras, unas con otras. También en el círculo regularmente trazado por la misma, se ve que los dos triángulos uniéndose, determinan la emancipación del hombre en el universo y su sitio en relación con el centro divino; se ve que la materia no recibe la vida más que por reflejos provenientes de la oposición en que la verdad se prueba en parte de lo falso, la luz en parte de las tinieblas, y que la vida de esa materia depende siempre de dos acciones; se ve que el cuaternario del hombre abraza las seis regiones del universo y que esas regiones están relacionadas de dos en dos, el potencial del hombre ejerce un triple cuaternario en la permanencia de su gloria.»

Louis-Claude de Saint-Martin que, en su comentario, hace referencia tanto a la Biblia como al *keou-kou* chino, invita al hombre de deseo, a apoyarse en las periferias que son las «regiones» para recuperar el centro del círculo de los tiempos, su «trono glorioso». El desafío está en eso que llamamos «Despertar», la renuncia al sueño nacido del abandono por el hombre de su puesto central original, para recuperar su propia divinidad permaneciendo en el centro de cualquier cosa.

Esa figura suscita numerosos comentarios e interpretaciones muy diversas, lo que es propio de un símbolo altamente operativo. Papus, que hizo del dibujo de Luis Claude de Saint Martin el sello de la Orden martinista, propuso una interpretación[22], que se convirtió en instrucción oficial en el Ritual de la Orden Marti-

[22] *Tratado metódico de la ciencia oculta,* París, G. Carré, 1891.

nista de Téder[23]. Sin embargo, fue François-Charles Barlet[24], sin duda junto con Stanislas de Guaita, el más brillante de los Compañeros de Hierofanía, quien hizo el análisis más interesante a nuestro entender. Barlet identifica en efecto tres mundos, la dualidad caracteriza al mundo inferior, y atribuye tres sentidos al centro, lo que es relevante: un «sentido original», lo Absoluto, un «sentido definitivo» que califica como «síntesis general» y un «sentido intermedio» que es el «medio común de resolución de todas las oposiciones», medio que permite atravesar la dualidad para alcanzar lo no-dual. Recordemos que en el ritual, el iniciador invoca: «Espíritus del Reino, conducidme entre las dos columnas». La no-identificación en el juego de los contrarios traza un intervalo, una vía al corazón, es decir al centro. El modelo propuesto por Barlet, no se aleja del de las vías del Despertar.

Encontramos en la célebre figura saint-martiniana lo que hemos enunciado anteriormente. En el centro, el punto, nuestra natura-

---

[23] *Ritual martinista* llamado de Blitz, atribuido a Charles Détré (Téder). París, Dorbon-aîné, 1913 luego París, Ediciones Déméter, 1985 & Aubagne. Ediciones de la Tarente, 2009.

[24] François-Charles Barlet, pseudónimo de Albert Faucheu (1838-1909), fue compañero de Papus y de Max Théon.

leza original y última, Lo Absoluto, el Gran Real, que determina también todas las formas, todas las periferias manifestadas o no. Los dos triángulos son el mundo de la esencia y el mundo de la consciencia-energía. El círculo es el mundo de la forma. La cruz formada por los diámetros, indica el eje horizontal del tener y el hacer, que nos mantiene en la periferia y el eje vertical del ser que nos conduce al centro. Indica también al hombre en quien se juega y se resuelve la ecuación de la consciencia.

El paso de la periferia al centro es el paso del tiempo al no-tiempo, del movimiento a lo inmóvil, de la palabra-ruido al Verbo-Silencio, de la dualidad a la no-dualidad.

La figura está trazada sobre una hoja blanca inmaculada. Esa blancura indica, que todo se juega en la «superficie» del Sí y que todavía es necesario superar la experiencia no dual para alcanzar el Gran Real, la Gran Nada, porque mientras exista un punto, hay potencialmente, si no manifiestamente, círculos y mientras exista un círculo, hay un punto y un camino a trazar del círculo al punto.

Lo que sugiere Barlet, con los tres sentidos atribuidos al centro, es que podemos aplicar la figura en sí misma a cada uno de los mundos, mundo de las formas, mundo de la consciencia-energía y mundo de la esencia. Y que este modelo, válido para el Todo, es también pertinente para las partes del Todo.

Podríamos así dar una nueva interpretación en referencia a los dos triángulos entrelazados, al mundo de la consciencia-energía y al mundo de la forma.

De este nuevo análisis, deduciríamos los caminos que conducen al Silencio. Así en el hombre de deseo, el mundo de las formas que tiene su correspondencia en la cabeza, primer cerebro, y el mundo de la energía y la consciencia que tiene su correspondencia en el vientre, que hoy llamamos segundo cerebro, deben combinarse en el corazón que es el «medio común de resolución de todas las oposiciones» de Barlet. Es en el corazón, o centro, donde las condiciones de emergencia del Hombre Nuevo deben establecerse.

En todo caso, la figura universal debe ser atravesada y los medios para ese retorno a nuestro propio estado divino están claramente indicados en el ritual: la máscara, la capa y el cordón.

Antes de acudir a la fuerza evocadora de estos tres símbolos fundamentales del martinismo, es necesario examinar un punto particular indicado en el ritual.

## De los signos y los acuerdos

Los participantes en la ceremonia son invitados a prestar atención «a las diversas manifestaciones del incienso consumiéndose en la brasa». Aquí estamos en el corazón mismo del ocultismo y en el corazón de un dilema, como aplicaciones de la «teoría de las correspondencias»[25], porque de eso se trata, de la tendencia a transformarse en supersticiones en las inteligencias mal preparadas, es decir en la mayoría.

Para escapar a la impronta supersticiosa, es necesario simultáneamente presentir el mundo como nada y como poesía. Conocer la verdadera naturaleza de lo que se presenta, o sea el Vacío. Saber la infinita variedad de posibles que pueden manifestarse en un ser libre de condicionamientos y no identificado con lo que se presenta en el campo de la experiencia. Cuando hablamos de superstición, no habla-

[25] Es interesante examinar desde el ángulo espinosista el segundo género del conocimiento, el de las relaciones (cuya matemática no es más que un sector), que nos permite salir del primer género del conocimiento, el de las ideas inadecuadas y acercarnos al tercer género, el de las esencias.

mos solamente de creencias que nos confinan en la estupidez, sino de cualquier creencia nacida de nuestro apego al «mí» que quiere hacer permanente lo impermanente y verdadero lo falso.

Robert Amadou tuvo cuidado de definir con precisión esta teoría de las correspondencias en un ensayo particularmente valiente, *El ocultismo, esbozo de un mundo vivo*[26], posiblemente su libro más importante, con el que tropezó tanto con el mundo universitario como con el microcosmos esotérico. «Restituir lo oculto a la cultura», constituye en efecto un desafío hercúleo en nuestra sociedad excluyente.

En ese libro, Robert Amadou define el ocultismo como «el conjunto de doctrinas y prácticas fundadas en la teoría de las correspondencias» y a la teoría de las correspondencias como «la teoría según la cual, todo objeto pertenece a un conjunto único y mantiene con cualquier otro elemento de ese conjunto las relaciones necesarias, intencionales, no temporales y no espaciales».

---

[26] *El ocultismo, esbozo de un mundo vivo* de Robert Amadou, Ediciones Chanteloup. Saint-Jean-de-la-Ruelle, 1987.

Se trata de una aproximación dualista, hay objeto y sujeto, que tiene en cuenta lo Real, no-dual, indicando la posibilidad de relaciones no espaciales, no temporales e intencionales, intención siendo el Ser él mismo. Robert Amadou se interroga con exactitud: «¿Una intención universal como analogía del universo sería solo la expresión que penetra todo el cosmos?».

La teoría de las correspondencias tiene como consecuencia práctica y mágica que una consciencia acrecentada puede evocar una fuerza que remplace la fuerza manifestada por un elemento que le corresponde de modo analógico. La analogía, que se diferencia de lo similar, evoca una misma naturaleza, que se traduce en símbolos. Tiene en cuenta la no-separación. Concibe el mundo como una proyección de relaciones analógicas nacidas en el seno de la consciencia humana. La intención, en la consciencia acrecentada, se convierte en «querer», modifica el «sueño» de la consciencia e interviene en el mundo de la armonía que es también el mundo de los signos y de los acuerdos.

Robert Amadou cita este elocuente poema de Eliphas Lévi:

*Toda idea concibe una imagen*
*Y las formas son lenguaje*
*Todo signo expresa un pensamiento*
*Lo Invisible está en lo visible.*

Observemos que en el centro, en *Real*, la naturaleza de cualquier cosa es el Vacío. La teoría de las correspondencias por lo tanto solo vale para las periferias y para, que de una periferia a la otra, aproximarse al centro inmutable. En ausencia del presentimiento de lo Absoluto, toda magia —la que va más allá de la ceremonial, la vida en sí misma siendo magia— es un errar por las periferias de la representación. Pero para quien se recuerda a sí mismo, para quien tiende a aproximarse a su propia realidad, a la presencia de sí mismo que es presencia en «Sí», hay una reorganización del entorno.

El entorno «se pone al orden» de la consciencia acrecentada. El universo, «como consciencia y como nada» responde a la intención del Ser y no al deseo de la persona. El mundo se convierte en una vasta dimensión poética y mágica que explorar, un espacio de creación en el que el operante puede experimentar el juego de la energía y la consciencia. Ese juego está marcado por los signos y los acuerdos, un poco como una partitura musical. El acuerdo es una respuesta del entorno al alineamiento cuerpo-palabra-pensamiento por el silencio de ser. El signo es una indicación del camino que conduce a ese alineamiento. En los signos y los acuerdos, la consciencia descubre el camino de los intervalos, intervalo entre dos momentos, dos fenómenos, entre dos gestos, dos palabras, dos pensamientos, dos nombres, entre el inspirar y el espirar, entre el «mí» y el otro, el sujeto y el objeto, entre un mundo y otro, hasta abandonar la continuidad ficticia del tiempo por el fenómeno real del intervalo, de la Nada, del Todo.

Signos y acuerdos constituyen un lenguaje muy especial, un lenguaje energético que tiene una coloración diferente para cada individuo y se matiza de un contexto a otro, respetando siempre las constantes arquetípicas que el simbolismo ha conseguido sin duda codificar. El lenguaje no será el mismo en un medio urbano que en un medio natural. Será diferente en la montaña o en el mar. No obstante, los signos y los acuerdos permanecerán como un eco de un contexto a otro para un mismo individuo, entended *indiviso*, el que es «uno». Cualquier «persona» que presta atención a los eventuales signos y acuerdos está en un proceso auto-alucinatorio, puesto que la persona no pertenece a la intención del Ser, sino a la respuesta efímera y transitoria del universo. La persona, el «mí» es un elemento del decorado. La identificación con la «persona» es una alienación, la alienación primera de la que todas las demás son prolongaciones. Signos y acuerdos constituyen un lenguaje solamente para aquel que recuerda de donde viene y adonde regresa, aquel para quien alfa coincide con omega, aquel en quien intención y oriente tienden a fundirse con el Ser.

## La alternativa nómada

No puede haber iniciación sin alternativa nómada, sin la circulación de las élites, entendamos «elegidos», los que «han sido elegidos por Dios», no un Dios todopoderoso y arbitrario, exterior al ser humano, sino más bien lo contrario, el Ser en lo humano. Es optar por Sí mismo, antes que por su pequeña «persona».

Este aspecto esencial de la búsqueda iniciática es a menudo mencionado rápidamente aunque raramente puesto en práctica. Es sin embargo fundamental. Veamos lo que dice el ritual, y en esto es muy claro:

«A partir de ahora, viajero desconocido y solitario, continuaréis recorriendo el ciclo de la vida presente. Os someteréis de nuevo a los poderes rectores del Espacio y el tiempo. Seréis el mensajero de la Palabra, el agente dócil de La Causa Primera, el Sembrador de verdad. En comunión espiritual con todos vuestros Hermanos y Hermanas, vivos y muertos.

A vuestro paso, sembrando gérmenes de luz y sabiduría, proseguiréis vuestro periplo iniciático. Cada vez que el azar o la necesidad lo impongan, llamaréis a una nueva puerta. En todo lugar donde brille la estrella de los magos, reconoceréis una nueva etapa. Buscaréis el Conocimiento en todos lados. En el seno del firmamento estrellado, en el evocador simbolismo de las constelaciones, en los amarillentos pergaminos, en el resplandor de los atanores o en las bóvedas de los monumentos sagrados. Pero la Sabiduría, solo la encontraréis en lo más profundo de vuestro templo interior, ahí donde, según la promesa, en las tinieblas del santuario, ¡Dios habla a veces a Israel!».

Hay una clara invitación a visitar de santuario en santuario, de biblioteca en biblioteca, de universidad en universidad, de jardín en jardín, de tradición en tradición, de sabiduría en sabiduría, de cielo en cielo, para que cada uno de esos reflejos luminosos ilumine un rincón de nuestro templo interior. Ese compañerismo es a la vez externo e interno. Es fuente de intercambio, nunca de comercio. La multiplicación de encuentros con formas tradicionales, obliga a aprovechar la estructura absoluta que las sostiene y de las son una expresión pasajera. El viaje enfrenta con la pluralidad de las lenguas y hace más evidente la elocuencia del Silencio. Entonces el nómada está en casa ahí donde se encuentre. El viajero se transforma así en Príncipe de Dios. Es el Ungido, el título de Cristo en su forma hebrea: El Ungido, es la marca de todos los reyes de Israel.

El viajero, libre de sí mismo, contando únicamente con sus propios recursos y su propia solaridad, se convierte progresivamente en «Príncipe de Sí Mismo». En su propio monarca. Esta soledad sagrada ya no es pesada como la soledad de los excluidos. La soledad sagrada nace de la desaparición de la alteridad. Ni «mí» ni otro, lo Real.

## Máscara, capa, y cordón

Interesémonos de nuevo por los tres símbolos fundamentales del ceremonial martinista, símbolos que conjuntamente llaman la atención a la consciencia agudizada por el espíritu e indican la alianza inicial, que conviene actualizar, entre el Ser y la consciencia individual no-identificada.

Estos tres símbolos implican una disciplina una *tekhnè*[27], ya sea arte o ciencia del ser.

«Por esta máscara vuestra personalidad mundana desaparece. Os convertís en un desconocido entre otros desconocidos». Esta frase habrá marcado particularmente a los iniciados martinistas. Indica en efecto la llave de la iniciación y designa claramente el obstáculo, momentáneo, aunque tenaz: «La persona», el «mí» mundano, en perpetua representación, en demanda de reconocimiento y participación, una demanda imposible de satisfacer.

Llevar la máscara es una poderosa metáfora comportamental en la que se mide el efecto de

---

[27] François Châtelet: «Hay en *tekmè* la idea de técnica, de conocimiento aplicado, pero también de arte, de invención, de producción original» *Una historia de la razón,* París, Ediciones de Seuil, 1992. François Châtelet es también autor de una excelente *Historia de la Filosofía,* 1972.

la expresión Carnaval. El anonimato aportado por la máscara nos recuerda que somos sin nombre. Éramos antes de ser nombrados. Seremos después de que nuestros nombres sean borrados. Nuestro nombre es un accidente. Lo que permanece es el sin nombre.

Llevar la máscara es una alusión a nuestra situación presente. Estamos enmascarados, pero nosotros hemos hecho de esa máscara nuestra «persona» condicionada, nuestra identidad por el juego de las adherencias. Esa máscara es multiforme.

La «persona» está compuesta de múltiples pequeños «mí», esquemas que se organizan más o menos en una coherencia ficticia, la historia o leyenda personal. No somos la máscara de apariencias que enarbolamos ostensiblemente como demostró cruelmente, pero con total lucidez, Víctor Hugo en *El hombre que ríe*.

Podemos establecer una relación entre el simbolismo de la máscara y la prohibición hecha por el Antiguo Testamento[28] de utilización y culto de las imágenes de Dios. El decálogo,

---

[28] Leer la nota *Imagen* en el *Diccionario enciclopédico del cristianismo antiguo,* tomo I, Ediciones du Cerf, París 1990.

que sigue siendo válido en la nueva alianza, prohíbe hacer imágenes.

La interpretación vulgar ha conducido a luchas tan estúpidas como nocivas. Incluso hoy en día. Es más interesante ver en esta prohibición de la imagen de Dios, una invitación a no constituir ni mantener una imagen de sí que oculte lo Real. La verdadera imagen de Dios, es Cristo, luego el hombre trasformado en Cristo en su verdadera naturaleza. Dando nacimiento al ego e idolatrándolo, caemos en la prohibición testamentaria. El Antiguo Testamento nos previene contra la ilusión del «mí». Adherirnos al ego hace de nosotros unos iconólatras.

Llevar la máscara es en primer lugar tomar consciencia de la situación, que roza lo grotesco, descubrir la máscara plural del ego y desidentificarse, aprovechar esa máscara para aislarse porque, como insiste el ritual, «es de vosotros mismos, de vuestro aislamiento, como obtendréis la llama que ilumina vuestra vida interior». Una vez reconocida como tal, la máscara puede convertirse en aliado. El ego solo es enemigo si lo confundimos con nuestra realidad, pero, reconociéndolo como una simple función de la consciencia y no como una entidad, puede convertirse en un aliado al servicio de nuestra interioridad.

Hemos detallado en otras partes, un protocolo posible para este retorno al sí. Recordemos cual era el reto de ese protocolo en cuatro ejercicios:

- La división de la atención conduce a la Consciencia Acrecentada.
- La práctica de la letra A conduce a la Vacuidad.
- La práctica de los Sonidos conduce al Dominio del poder de creación.
- La práctica de la Meditación del Infinito en el Cuerpo conduce a la Fusión.
- El conjunto, por la presencia Aquí y Ahora, permite la Autonomía. Autónomo, significa autosnomos, «quien se da a si mismo su propia ley». Esto significa salir del círculo de las identificaciones, diluciones, representaciones y cristalizaciones mentales, para regresar al centro donde simplemente «yo soy» o «yo permanezco». Dejar de «ser vivido» para VIVIR.

La práctica de la letra A, simple y excesivamente difícil a la vez, es considerada como la práctica más interna en numerosas tradiciones, tanto en Oriente como en Occidente, aunque en todas se enseñe al comienzo. De esta práctica derivan en efecto tanto las más altas metafísicas como las alquimias internas. Todas las enseñanzas tradicionales están recogidas en la letra A. Su solo sonido, A, explica todo lo Real y constituye la verdadera transmisión. Lo importante aquí es que su práctica conduce al Silencio, lugar y vector de la Realización y que sus efectos son rápidamente tangibles y casi cuantificables.

La verificación de una práctica real es siempre comportamental:

- Dominio del entorno;
- Arte de «plegar» el tiempo;
- Desarrollo de la energía y la solaridad;
- Una mayor serenidad.

El ritual martinista hace explícitamente referencia a la letra A cuando el iniciador, para invocar, «levanta la mano derecha con el pulgar en escuadra», signo tradicionalmente asociado al sonido A de donde derivan todos los demás sonidos. Este detalle es de la mayor importancia. Nos ilumina sobre el estado de presencia requerido en sí mismo, sobre la necesidad de Silencio en el que se puede hacer al verbo creador. La invocación enunciada en medio del ruido, solo es un ruido más. Louis-Claude de

Saint-Martin, sugiere en *De los errores y de la Verdad* que el mundo solo es desarmonía por nuestra ignorancia del verdadero nombre de cada objeto. Encontramos el mito de la Palabra Perdida que no es más que el Silencio emanado. La palabra justa es la palabra anterior a la palabra, la palabra impronunciable. La Invocación que brota del Silencio, inscrita en la respiración consciente, lleva en su interior una idea pura, un pensamiento creador. En ese caso, solo en ese caso, en el alineamiento en el Ser, la energía sigue al pensamiento. El verbo crea. El iniciador puede entonces crear, recibir y constituir como afirma la fórmula de consagración: «Yo te creo, recibo y constituyo Superior Desconocido».

Cualquiera que sea el protocolo puesto en práctica, este nos envía a los prerrequisitos de la iniciación, siempre tiene como objetivo reducir y luego detener el diálogo interno, el flujo caótico de pensamientos, para acceder al intervalo. Tras la máscara, la recapitulación es posible, no solo la recapitulación psicológica que pretende aprender del pasado, sino la recapitulación energética que permite apropiarse de toda la energía desplegada para mantener ese pasado, proyectando el futuro y elaborando una historia personal. Plegar el tiempo, tras la máscara, introduce por ejemplo en un arte de «mirar», de tomar consciencia de nuestra acefalidad. Allí, donde creíamos tener cara, no hay más que el Vacío infinito y su plenitud, como demostró magníficamente, renovando la tradición casi universal de la acefalidad, Douglas Harding[29].

El iniciado es un ser desenmascarado. Desenmascarado, está sin cara y ahora no puede por lo tanto aparecer. Si el iniciado martinista lleva una máscara, es para arrancar mejor todas las mascarás que la dualidad le ha conducido a confundir con su identidad real.

Otra dimensión de la máscara es el lenguaje hermético. La máscara invita a apropiarse de las ciencias de Hermes, François Rabelais nos lo recuerda en una escena reúne a Panurgo, prototipo del buscador en viaje iniciático, y Thaumaste. Este menciona a Mercurio y Panurgo le responde «Tú has hablado máscara». «Hablar máscara» es utilizar el lenguaje hermético, el de la poesía crepuscular de los adeptos.

---

[29] Leer atentamente *Ser y no ser*, Ediciones Almora, París, 2008.

Antes de ponerse la máscara, antes de dejarse desenmascarar por su propia naturaleza divina, el iniciado debe aprender a protegerse. «Aprended entonces a plegar sobre vos mismo la misteriosa capa» sugiere el ritual. ¿Pero de que capa se trata?

La homonimia ayuda, pensamos inmediatamente en la célebre capa de Saint Martín. Ese hombre nacido en el 316, en la actual Hungría, de padres paganos, se convirtió al cristianismo tras haber compartido su capa con un pobre muerto de frío. Más tarde en el 361, fundó el primer monasterio de Occidente, el monasterio de Ligugé, cerca de Poitiers. Saint Martín, se ha convertido en el símbolo mismo del don de compartir, símbolo sobre el cual es inútil insistir salvo para decir, con Robert Amadou, que la Beneficencia y la Benevolencia constituyen un equivalente a la teúrgia[30].

Sin ignorar a San Martín, es sobre todo la capa de Elías la que nos puede interesar aquí. La capa de Elías manifiesta, más allá del simbolismo, la doble unción del Espíritu. Elías, gran profeta de Israel del XI° siglo anterior a nuestra

[30] Esto en el marco del Régimen Escocés Rectificado y de los Caballeros Bienhechores de la Ciudad Santa.

era, tapó su cara con esta capa cuando, en el Monte Horeb, el Señor se le acercó, indicando con esto otra función de la capa, que no solo nos aísla y esconde de las miradas hostiles, sino que nos preserva de una excesiva Luz, de una excesiva Presencia. Algunos Despertados consumen un aparato físico y un sistema psíquico mal preparados. Con Elías, la capa es también vector de transmisión. Nos aproxima a la verdadera transmisión de Silencio a Silencio, de Ser a Ser, de Espíritu a Espíritu. Eliseo, su discípulo, un simple granjero, recibe la Unción de Elías cuando «lanzó sobre él su capa» (I Reyes 19:15) y le dijo: Eliseo, «Si puedes seguirme, no solo te convertirás en mi sucesor, sino que te transmitiré mi unción» (II Reyes 9:15). Esta frase sugiere firmemente la distinción entre la línea temporal, manifestada en la sucesión, y la línea vertical, accesible por la unción. Es el poder del Espíritu Libre quien, burlando la separación del dos, vive a través del iniciador y el iniciado. Es esa «travesía» de la dualidad la que constituye la transmisión. Esa transmisión hace de él un «monje». Elías, del que la *Pistis Sofía* afirma que regresó como

Juan Bautista, es, según Sor Éliane Poirot, el arquetipo del monje[31]. La etimología de la palabra, griega o latína, nos devuelve a la soledad, a *monos*, «solo», no solo contra el mundo o a pesar del mundo, sino solo con él, en lugar de separado.

El Superior Desconocido, por la ascesis y la disciplina, por su compromiso incondicional sin el que ninguna realización es posible, es sin duda un «monje» en el mundo, con el mundo y por el mundo. Por último, el profeta Elías no es nadie sin evocar la figura de Elías Artista, el arcángel Rosa-Cruz. La Capa de Elías se transforma entonces en el estremecimiento de Elías Artista al que Sédir[32] supo darle el nombre de intuición:

«Elías Artista es el ángel de la Rosa-Cruz. Nadie puede saber quién es, incluso qué le dio origen. Todo cuanto se puede decir, es que es una fuerza atractiva y armonizadora que tien-

---

[31] *Elías, arquetipo del monje,* de Sor Éliane Poirot, o.c.d. Monasterio de San Elías. Espiritualidad Orientada nº 65, Ediciones de la Abadía de Bellefontaine, 1995. *Los profetas Elías y Eliseo en la literatura cristiana antigua,* de Sor Éliane Poirot, Ediciones Brepols y Abadía de Bellefontaine, 1997.

[32] Paul Sédir, de verdadero nombre Yvon Le Loup (1871-1926) fue un esoterista influyente en el entorno de Papus y un autor enormemente prolífico. Fue uno de los responsables de la Orden martinista y de la Orden kabalística de la Rosa-Cruz.

de a reunir a los individuos en un único cuerpo homogéneo.»[33] [34]

De nuevo, la reintegración se piensa como un abandono de cualquier separación, por la reunión de todos los individuos, no «personas», en una única entidad. Sédir cita otra vez a Stanislas de Guaita:

«No es Luz, sino que, como San Juan Bautista, su misión es dar testimonio de la Luz de gloria, que debe irradiar desde un nuevo cielo sobre una tierra rejuvenecida. ¡Que se manifieste por consejos de fuerza despejando la pirámide de las santas tradiciones, desfigurada por esas capas heteróclitas de detritus y escombros que veinte siglos han acumulado sobre ella! Y que finalmente, por él, las vías se abran al advenimiento del Cristo Glorioso, en un nimbo mayor del que se desvanecerá —su obra está cumplida— el precursor de los tiempos por venir, la expresión humana del santo Paráclito, el daimón de la ciencia y la libertad, de la sabiduría y la justicia integral: ¡Elías Artista!»

---

[33] Elías Artista es también el destructor de la ilusión que separa y divide.

[34] *Historia y Doctrinas de los Rosa-Cruz* de Paul Sédir, Biblioteca de las Amistades Espirituales, 1932.

Aquí la función del testigo, no solo de la luz, sino «a la Luz», a la travesía de las formas esclerosadas, a la llamada al Paráclito, a una integridad que solo posible en Sí y por Sí, a la distinción entre las tradiciones y las vías, son otras tantas características de las filosofías del despertar.

Finalmente, Sédir prosigue:

«Elías Artista es una adaptación del Elías bíblico, que debe regresar al final de los tiempos, con Henoc, para cumplir su rol de testigos en el binario universal. Sería prematuro decir que será Elías Artista, o cualquier otro. Lo único que es útil saber, es que este nombre designa una forma del Espíritu de Inteligencia.»

Armand Toussaint[35] atribuía a la capa el mismo valor simbólico que la armadura del caballero que para él era de naturaleza energética. Se refería con frecuencia a la armadura y al casco de Athena, cuya materia, decía él, es esa energía generada por la plena actividad de los centros de energía del cuerpo o chacras. Nos encontramos en la iconografía cristiana

---

[35] Armand Toussaint (1895-1994), personalidad eminente de la escena martinsta fue el fundador y responsable de la Orden Martinista de los Caballeros de Cristo desde 1971, año de su fundación, hasta su muerte en 1994.

clásica, católica u ortodoxa, numerosas indicaciones sobre la manera de constituir esa armadura o esa capa. El concepto desarrollado por Armand Toussaint no es muy distinto al de ciertas tradiciones marciales que desarrollan una capa de energía capaz de amortiguar los golpes e incluso devolver los efectos destructores contra el adversario.

Pero es a la Kábala enseñada por su maestro, Serge Marcotoune de Kiev, a la que hacía referencia Armand Toussaint para constituir las veintidós piezas de la armadura.

En un cuadro, Armand Toussaint quiso a la vez sintetizar la práctica mántrica, basada aquí en el hebreo, pero que encuentra su equivalente en el latín o griego antiguo, que permite desarrollar la armadura o la capa, y resumir el proceso alquímico que conduce a la Gran Obra. Sencillas indicaciones para un gran diseño.

## Alfa: «Conociéndote a ti mismo…»

El iniciado busca a su Desconocido en sí mismo.

| | | |
|---|---|---|
| Aleph | 1 | La voluntad de unidad (la Sal alquímica). |
| Beth | 2 | La ciencia del binario interior. |
| Gimel | 3 | La síntesis interior positiva. |
| Daleth | 4 | El cuaternario de realización: *Sta - Solve - Coagula -Multiplica.* |
| Hé | 5 | La voluntad inspirada, la era de los Papas. |
| Vav | 6 | La elección de la Vía entre Claridad y Oscuridad. |
| Zain | 7 | El triunfo o fracaso del espíritu sobre la materia. |
| Heth | 8 | La búsqueda y adquisición del equilibrio interior. |
| Teth | 9 | La integración de experiencias enriquecedoras por técnicas místicas: *Mirar para ver - Escuchar para oír - Hacer el Silencio interior: «Vide, Audi, Tace».* |

## Delta: «…conocerás a los demás…»

El iniciado en manifestación por el mundo, sus usos y costumbres, aprendiendo a vivir entre agotadores ataques que le fortalecen. Permanece en el mundo, pero no se identifica con el mundo, ni con los mundos.

| | | |
|---|---|---|
| Yod | 10 | La Hora, la ocasión de experimentar en los torbellinos del mundo. |
| Kaph | 11 o 20 | La fuerza oculta. |
| Lamed | 12 o 30 | El sacrificio que hace el iniciado aceptando las contrariedades para hacerlas servir en su progresión espiritual. |
| Mém | 13 o 40 | La muerte vencida o el desdoblamiento consciente, el cambio de dimensión (el Azufre alquímico). |
| Nun | 14 o 50 | La recapitulación energética, nuevas asociación, la creación de un futuro Karma favorable. |
| Samekh | 15 o 60 | El ataque de Bafomet, las reacciones emotivas. |
| Ain | 16 o 70 | La salvaguardia o la ruina |
| Pé | 17 o 80 | La estrella de la esperanza. |
| Tsade | 18 o 90 | La decepción causada por los pérfidos ataques. |

## Omega: «...y a los Dioses»

El iniciado proyecta en el mundo su amor de Belleza, de Verdad y de Bien.

| | | |
|---|---|---|
| Quof | 19 o 100 | La Luz interior nacida del Silencio interior. |
| Resh | 20 o 200 | El Tiempo, el Renacimiento, la Renovación, la Perennidad, la Inmortalidad. |
| Schin | 21 o 300 | La Victoria en el mismo Reino del Príncipe de este mundo. El Iniciado, Loco de Luz espiritual, prosigue su Vía en su embriaguez mística, indiferente a los ataques del mal: es el Loco |

| | | |
|---|---|---|
| | | del Tarot de los imaginarios de la Edad Media, muerto para el mundo. |
| Tav | 22 o 400 | La Gran Obra alquímica y espiritual, la recompensa del Hombre-Dios, réplica del Dios-Hombre, el Nuevo Hombre, el Cristo, la Panacea, la Piedra Filosofal. |
| Kaph final | 23 o 500 | La voluntad activa apoyada en la experiencia y la esperanza. |
| Men final | 24 o 600 | La segunda Muerte con la entrada en el Mundo del Espíritu mediante la elección conveniente, libre y de sacrificio. La Esencia doble. |
| Nun final | 25 o 700 | La Voluntad triunfal, en la tempestad, de lavar el Karma del mundo (peccatamundi). La Esencia triple. |
| Pé final | 26 o 800 | La esperada readquisición que induce al equilibrio espiritual en el mundo. La Esencia cuádruple. |
| Tsade final | 27 o 900 | El descubrimiento de una gran Síntesis. Iniciación superior del Rosa-Cruz (o Boddhisatva).<br>La Quintaesencia. |
| Nueva Aleph | 28 o 1000 | La liberación. El nacimiento del sol creador. La unificación en el seno de Dios. La Reintegración del maestro ascendido. El Milenium. |

Pensemos que los estados designados anteriormente, los lugares-estado que diría Claude Bruley[36], no son estados de la «persona», del

---

[36] *La Gran Obra como base de una espiritualidad laica. El camino de la individualización.* De Claude Bruley, Ediciones Rafael de Surtis, Cordes-sur-Ciel, 2008.

sistema cuerpo-mente, sino estados diferenciados de la consciencia acrecentada en el Silencio. Es bajo la capa del Silencio donde «el iniciado busca a su Desconocido en sí mismo». En ese camino hacia el Uno, nos daremos cuenta de la importancia inicial de la voluntad de unidad, voluntad que se encuentra activa y después triunfal a lo largo del proceso iniciático.

Louis-Claude de Saint-Martin no fue ni kabalista, ni alquimista, ni astrólogo. Incluso desconfiaba de la alquimia hasta encontrase con las obras de Jacob Boheme. No obstante, los tres componentes del *Trium hermeticum*, astrología[37], magia y alquimia se hicieron plenamente ciencias martinistas desde la fundación de la Orden Martinista por Papus. De la misma manera, la Kábala se impuso como tema privilegiado en el estudio de los martinistas. No hay incompatibilidad entre el pensamiento saint-martiniano y estos dominios operativos. La doctrina que funda el sistema del Culto primitivo, tal como fue establecido en el marco de la Orden de los caballeros Masones

---

[37] O más generalmente cualquier sintonía que discierna, aclare e interprete las correspondencias analógicas.

Elus Cohen del Universo por Martines de Pasqually, es específica de un movimiento paralelo a la corriente kabalística e igualmente antigua[38]. La Alta mística bohemiana que encontramos en Saint-Martín, casa perfectamente con las ciencias de Hermes. El Iluminismo viene finalmente a subrayar la finalidad de las altas ciencias recordando cual es el último diseño de Dios para el ser humano. Louis-Claude de Saint-Martin atraviesa las operatividades para identificar qué es esencial, independientemente de las formas: el Silencio, la más alta intimidad del ser humano con Dios, lo Real, lo Absoluto, la posibilidad de actualizar esa intimidad aquí y ahora y convertirse en Cristo, es lo que pasa, simbólicamente, en la experiencia de la máscara, la capa y el cordón, experiencia que conviene dominar antes de renunciar a ella.

Después de la máscara y la capa, el iniciado recibe «el cordón simbólico del círculo mágico y de la cadena tradicional». Ya hemos abordado anteriormente, a propósito de los Maestros Pasados, la cuestión de las líneas, horizontal y

[38] Leer la introducción de *Las lecciones de Lyon a los elus cohens* de Robert Amadou, colección *El Espíritu de las cosas,* Ediciones Devry, París, 1999.

vertical, temporal e intemporal, cuestión a la que regresa el simbolismo del cordón. Volveremos a precisar al menos algunos puntos de importancia.

El cordón, más que el símbolo de un vínculo con terceros exteriores, nos consolida los riñones y el vientre, el océano de energía. Va de nosotros a nosotros mismos. Indica también que todo está en nosotros, que nosotros germinamos el mundo y que está en nosotros dejar de nutrir un mundo que se pierde en la elasticidad infinita del tiempo, recogiendo así la energía dispersa y dejándola erguirse cual columna para sostener el Cielo. Dejar de nutrir las formas para nutrir el Cristo en nosotros, nuestra propia divinidad. «el germen del dios futuro» según el ritual.

El cordón tiene una función de protección muy particular si creemos en el mito de Gawain en el del Caballero Verde, un episodio poco explotado de las leyendas del Grial. Aceptando perder su cabeza, al dejarse llevar por el deseo, el Caballero es salvado por el cinturón entregado por la dama a la que desea, que aquí es Sophia. El cordón no protege a la «persona», que solo está destinada al sacrificio, protege la intimidad con el Ser.

Una vez que nuestra acefalidad divina encuentra la última máscara, una vez que nuestra armadura está constituida o reconstituida, una vez cercados conscientemente por nosotros mismos, por nuestra propia realidad original y última, podremos convertirnos verdaderamente en Superior Desconocido.

«Sírvanse retirar al nuevo miembro de nuestra Orden los tres símbolos con los que acabamos de revestirle.» reclama el iniciador. Es necesario siempre, antes o después, deponer las armas y las protecciones, ya que el uso de estas mantiene la división, la dualidad. Necesitamos renunciar a los «medios hábiles» como diría un budista.

Tenemos que dejar de lado lo que nos libera para liberarse hasta de la liberación. El iniciado martinista abandona los tres símbolos, las tres herramientas operativas, que son la máscara, la capa y el cordón, para que, en esa auténtica desnudez, recibir el collar blanco de los Superiores Desconocidos de la Orden y su Pantáculo secular por el que dispone a partir de ahora del conocimiento.

Todo ritual es una metáfora operativa. Resulta fácil observar la profundidad de este y el alcance definitivo que contiene. No es en modo alguno cuestión aquí de la Orden martinista, estructura humana y efímera como todas las órdenes que se pretenden iniciáticas, sino de la Asamblea invisible de los Amigos de Dios, de los habitantes del Alto País, de los Maestros del Reino del Centro, de los Inmortales desterrados, por fin de regreso.

La expresión «Superior Desconocido», solo designa un grado por defecto. Al igual que las bellas denominaciones de Rosa-Cruz o Réau-Cruz, evoca una consciencia «superior», liberada de cualquier condición y por lo tanto de cualquier nombre, es «desconocida» e «incognoscible». Es.

El Superior desconocido ha atravesado el mundo de la dualidad para acceder al no dual.

## La referencia juanítica

El ritual martinista precisa que el Evangelio de San Juan estará abierto por el prólogo sobre el altar:

1. Al comienzo era el Verbo, y el Verbo estaba vuelto hacia Dios, y era Dios.

2. Al comienzo estaba vuelto hacia Dios.

3. Todo fue por él y nada de lo que fue, fue sin él.

4. En él estaba la vida y la vida era la luz de los hombres.

5. Y la luz brilla en las tinieblas y las tinieblas no la pueden comprender.

6. Hubo un hombre enviado de Dios; su nombre era Juan.

7. Vino como testigo, para dar testimonio de la luz a fin de que todos creyeran por él

8. No era la luz, pero debía dar testimonio de la luz.

9. El Verbo era la verdadera luz que, viniendo al mundo, ilumina a todo hombre.

10. Estaba en el mundo, y el mundo fue por él, y el mundo no lo reconoció.

11. Vino por su propio bien y los suyos no le acogieron.

12. Pero aquellos que lo recibieron, aquellos que creyeron en su nombre, les otorgó el poder de transformarse en hijos de Dios.

13. Estos no nacieron de la sangre, ni del querer carnal, ni por la voluntad del hombre, sino de Dios.

14. Y el Verbo se hizo carne y habitó entre nosotros y hemos visto su gloria, esa gloria que, el Hijo único lleno de gracia y de verdad, tiene del Padre.

15. Juan le rinde testimonio y proclama: «He

aquí aquel del que he dicho: tras de mi viene un hombre que me sobrepasa, porque antes que yo, ya existía».

16. De su plenitud, en efecto, todos, hemos recibimos gracia sobre gracia.

17. Si la ley fue dada por Moisés, la gracia y la verdad, vinieron por Jesucristo.

18. Nadie nunca vio a Dios; Dios Hijo único, que está en el seno del Padre, nos lo ha desvelado.

No vamos hacer aquí una exégesis de este texto tan poético, que tiene un lugar especial en los Evangelios. Subrayemos simplemente en que puntos ilustra nuestro propósito:

El prólogo del Evangelio de San Juan habla de la creación, por consiguiente del mundo temporal, «vuelto hacia Dios», espejo del Ser. Las tinieblas forman «la persona» condicionada por el juego de las identificaciones. Juan es el testigo, el que viene a testificar lo sagrado en el interior de la «persona». El testimonio de la Luz, del verbo, de Cristo, emanado del Silencio y presente hasta en la forma, hasta en el condicionamiento. El Cristo anterior al testigo, evidentemente, es la permanencia no dual hasta en la dualidad, permanencia de la que tenemos el presentimiento porque está unida a nuestra propia realidad. Si la «persona» no puede ver a Dios, el Uno en nosotros, el *indiviso*, escondido en el número, pero anunciado e iluminado por el testigo, nos lo desvela y nos conduce hasta él.

El camino ascendente de retorno, de reintegración, está inscrito en el movimiento descendente del centro a las periferias, del Uno al número. Retrocediendo desde las periferias fenomenales más exteriores hacia el centro inmutable, caminando de lo complejo a lo simple, remontando del número al Uno, el Iniciado, Rey Encubierto aparece en toda su plenitud y gloria.

Esto es lo que sugiere la bellísima invocación central de este ceremonial, invocación que funda el rito:

«Que esta única claridad, emanada de estas luminarias sin embargo diferentes, nos manifieste el Poder misterioso de Aquel que sostiene nuestro templo particular, que aquí vamos a elevar a la gloria de Dios y de su Hijo, el Verbo, Eterno e Increado, nuestro Señor. Porque al Comienzo fue la Palabra, la Palabra estaba con Dios, la Palabra era divina. Todas las cosas han sido hechas por ella, y nada de lo que fue, lo fue sin ella. En ella estaba la vida, y esa vida era para los hombres la Luz. Esa Luz en las Tinieblas, pero que las Tinieblas nunca recibieron.»

El triángulo de tinieblas, *Poder - Territorio - Reproducción,* se verticaliza por acción del triángulo de luz, *Silencio - Verbo - Libertad* o *Padre-Madre universal* (Silencio) - *Hijo* (Verbo) - *Espíritu Santo* (Libertad). El querer Ser iniciado es inversión, pero no se podría cumplir sin la Gracia, como sugiere el prólogo. El iniciado es en primer lugar imitación, de Cristo muy a menudo, y siempre para los martinistas, luego invención. Se inventa, se autogenera como un Nuevo Cristo. Las fuerzas serpentinas dispersas en la extensión de la manifestación se reúnen en el centro para orientarse según «El Más Alto de los Sentidos.»

# EL INICIADOR LIBRE

> «Mi secta es la Providencia, mis prosélitos yo, mi culto la justicia; hace mucho tiempo que tal es el fondo de todas mis ideas, todos mis sentimientos y toda mi doctrina; cuanto más avanzo en edad, más se fortalece en mí ese movimiento, porque la nutrición que toma mi espíritu es absolutamente del mismo género; no es sorprendente que esa relación y esa correspondencia dejen en mí los efectos que tienen sus análogos».
>
> Louis-Claude de Saint-Martin

La Orden martinista, entre otras particularidades, aunque no la menor, es una de las rarísimas órdenes iniciáticas en la que se establecen, de manera innegable según las épocas y las ramas de la Orden, los «iniciadores libres».

La fórmula es ambivalente. En efecto, por realización más que por definición, un iniciador es libre; *a fortiori*, es necesario, un iniciador. Como hemos visto, el iniciado no es más que libertad. El drama sería que un iniciador o iniciado, no fueran libres. Sería una negación de su propia naturaleza y de su propio cumplimiento.

Calificar de «libre» al iniciado es por consiguiente un abuso del lenguaje que pretende, detrás del pleonasmo, insistir en la cualificación requerida para iniciar.

La mayoría de las órdenes martinistas han renunciado finalmente a los iniciadores libres, por interés centralizador, por política, por contagio masónico y, en ocasiones, por lucidez. Esta renuncia es muy perjudicial.

El ritual martinista vehicula, no obstante, el principio del iniciador libre, aún cuando no utilice el título. Así en el *Ritual de la Orden martinista elaborado por Téder*[39], un examen atento de las palabras dirigidas por el consagrante a quien está llamado a recibir el «Grado honorario de Superior Desconocido, Gran Arquitecto» revela lo que fundamenta al iniciador libre:

«Hermano Superior Desconocido, estáis listo para abandonar nuestra Escuela. A partir de

---

[39] *Ritual martinista* llamado de Blitz, atribuido a Charles Détré (Téder). París, Dobon-aîné, 1913 y después París, Ediciones Déméter, 1985 & Aubagne, Ediciones de la Tarente, 2009.

este día, cualquier relación con vuestro Iniciador debe cesar, salvo en lo que concierne a las relaciones de un Hermano con otro de su rango. Cualquier otra relación con Vuestro Superior Desconocido desde hoy, al igual que en lo sucesivo, ha de cesar y no renovarse, porque todo miembro de nuestra Orden debe ser una entidad personal. Por esta razón, el Iniciador tiene el deber de suspender todas las relaciones iniciáticas con sus Iniciados, desde que ese Iniciado se convierta a su vez en Iniciador. El crecimiento de la Orden es así análogo a la difusión celular por segmentación: una célula solo contiene a otra durante un periodo de tiempo muy corto. La célula madre se divide, dando nacimiento a células que se convierten rápidamente a su vez en células madre. La Orden de los Superiores Desconocidos está organizada así para dar la mayor independencia a cada uno de los elementos que la componen, conservando la más fuerte cohesión en el conjunto. La libertad humana nunca debe ser restringida y la Orden trabaja siempre siguiendo el consentimiento libre y absoluto de los Miembros que se reúnen en una obra particular.

Cada Superior Desconocido puede, si lo desea, ser miembro activo de una Logia o permanecer independiente. Debe ser un Desconocido no teóricamente sino realmente, entre sus colegas, excepto para su Iniciador quien constituye el único vínculo por el que está unido a la Orden. Por consiguiente, incumbe a cada Superior Desconocido poder ponerse en comunicación rápida con aquellos a los que ha iniciado, cualquiera que sea su grado. Forma así el punto de inserción entre otros grupos y el suyo, y representa verdaderamente el más importante órgano de la Orden. Por último un miembro no puede jamás ser realmente Superior Desconocido antes de ser Iniciador y haber transmitido la Luz.

Las ventajas de esta organización son considerables y es inútil enumerarlas todas. La principal y más importante, es la absoluta libertad que se deja a cada uno de sus miembros para desarrollar por sí mismo las enseñanzas de la Orden, siguiendo sus propias aptitudes, preferencias sociales, etc. De hecho, cada Iniciador es libre de adaptar no importa que rama particular de los conocimientos humanos e introducir en su trabajo de Logia, las distintas exotéricas, guardando siempre los principios del esoterismo del Martinismo. Otra ventaja de este sistema es la dificultad, en los países intolerantes, de destruir la sociedad, habida cuenta de la imposibilidad absoluta de detener a todos sus hijos. Un traidor, un espía, o cualquier otro que viole su juramento, solo podrían divulgar el nombre de un miembro, su Iniciador, siendo incapaz de impedir el desarrollo de otros grupos de los que desconoce su existencia.

He aquí, mi hermano, un resumen de vuestras nuevas funciones. ¿Queréis dar vuestra palabra de honor, ante esta respetable Logia, de cumplir vuestros deberes como Superior Desconocido con la mayor fidelidad y presteza?»

Lo que llama la atención inmediatamente al lector es que el nuevo Iniciador es claramente dejado fuera de la Escuela, conforme al doble principio de la alternativa nómada y la circulación de elites. El objetivo de cualquier escuela, profana o iniciática, es en efecto que sus alumnos se vuelvan un día, cuanto antes mejor, capaces de prescindir de sus servicios y sean aptos para crear su propia escuela.

Solo podemos constatar que esta no es la primera preocupación de las órdenes que se dicen iniciáticas en nuestra época. Prefiriendo la cantidad a la calidad, son partidarias de quedarse con el mayor número de miembros por razones mercantiles, financieras o políticas. Sus responsables tienen muchas dificultades para utilizar las capacidades de los miembros que han desarrollado la vía en sí mismos y que según ellos, maniobran en la sombra. Esto termina invariablemente en conflicto, ruptura o exclusión.

Los que pensaron en la organización del martinismo fueron sorprendentemente conscientes del desafío. Los Compañeros de la Hierofanía tenían fuertes personalidades y todos eran individuos brillantes. Cada uno dominaba al menos una disciplina tradicional. Cada uno necesitaba un espacio suficientemente amplio para trabajar. La iniciación tiene por objeto desarrollar la solaridad del individuo, su radiación. Hace falta una organización particular para que diversas entidades solares puedan irradiar sin molestarse o tropezarse y esa organización no puede ser calcada al modelo de las jerarquías profanas, sino aproximarse bastante a lo que Alvin Toffler denomina «Adhocracias»[40], sistemas colegiados capa-

[40] *El shock del futuro* de Alvin Toffler, Ediciones Denoël / Gonthier, 1970.

ces de transformarse en función de las situaciones o actividades en curso. Ese modelo colegial y de compañerismo existe en el medio iniciático en el seno de algunos colegios internos, reuniendo un número limitado de individuos que se considera han superado las identificaciones arcaicas. Este es el modelo adoptado en el interior de la Orden de los Superiores Desconocidos. La fuerza de los Compañeros de la Hierofanía está en haber encontrado un modelo de organización no centralizado que pueda desarrollarse ilimitadamente y capaz de preservar el principio de solaridad iniciática, aplicable a las órdenes iniciáticas externas o semi-externas[41].

Esta organización, basada en una respiración de energía, luz e inteligencia, en el seno de entidades como grupos, logias y órdenes, presenta asimismo una ventaja social, su desarrollo en red. Ese tejido o malla en el terreno esotérico, le hace a la Orden difícil detener o erradicar una confrontación con un gobernante totalitario que, siempre de manera extremista, acaba por atacar a las sociedades iniciáticas prohi-

[41] Ver la tipología de las sociedades iniciáticas presentada en *La Franc-Masonería como vía del despertar* de Rémi Boyer, Ediciones Masónica.es, 2016.

biendo y persiguiendo cualquier «sociedad secreta».

La iniciación es en esencia libertaria[42] y las sociedades iniciáticas son siempre consideradas subversivas incluso para las pretendidas democracias. El compositor Olivier Greif me explicó extensamente un día que la única auténtica revolución era espiritual e interior, pero que sus consecuencias se escuchan en todos los campos de la experiencia humana. Por «espiritualidad», entendía vía de despertar y no los protocolos de adormecimiento que por lo general son las religiones y los movimientos calificados de espiritualistas. La iniciación perturba a la sociedad y a sus instituciones, políticas, religiosas, sociales, económicas, universitarias y científicas al obligarles a mirar las mentiras sobre las que se han edificado. He aquí por qué las sociedades iniciáticas siempre tienen interés por protegerse y eligen la discreción. Si bien es hacia una aparente tolerancia a la que

[42] Citamos a Robet Amadou a propósito de la Franc-Masonería de Menfis-Mizrain: «Menfis-Mizrain vive del espíritu libertario; Reúne así los demás ritos iluministas de la Franc-Masonería, eso es patente, y llega a pensar, en mi opinión, con una Masonería única y múltiple, indivisible a pesar de las apariencias, que para mí es libertaria.» Extraído de una entrevista concedida a Ludovic Marcos, publicada en la revista *Arcana* del Gran Oriente de Francia, nº 4, primer semestre del 2002.

parecen gobernar las democracias del planeta, esa tolerancia es frágil y una nueva caza de brujas es siempre posible, como demostró en Francia la actividad liberticida de grupos antisectas incapaces de discernimiento, grandes maestros de la amalgama y la confusión, promotores de leyes que atentan contra las libertades fundamentales, como han denunciado las instancias internacionales en materia de derechos humanos. El aparato jurídico del derecho común es más que suficiente para atajar las derivas sectarias. No es necesario desarrollar conceptos tan peligrosos como el de la manipulación mental.

Otro punto sobre el que insiste el ritual merece que nos detengamos, es «la absoluta libertad dada a cada uno de sus miembros para desarrollar por sí mismos las enseñanzas de la Orden, siguiendo sus propias aptitudes y preferencias sociales, etc.» El Iniciador se supone que ya ha descubierto la estructura absoluta que se esconde tras las formas y disciplinas tradicionales. Ha progresado y se ha realizado en el camino de la iniciación desde el instante en el que ha comprendido que cualquiera que sea la tradición, cualquiera que sea la disciplina, cualquiera que sea el ejercicio o práctica, es siempre la misma postura libre del espíritu la que se trabaja, el mismo reto, la verticalización de la consciencia en el campo de la energía en movimiento. El que está persuadido de trabajar en formas diferentes no puede progresar, perdido en los meandros de la comparación y el comentario. Esa estructura absoluta, sin forma, las puede acoger a todas, antiguas o contemporáneas, tradicionales o vanguardistas. El iniciador puede así revestir esa estructura con los hábitos adaptados a la situación para romper la costumbre en el interior de la consciencia identificada de sus iniciables, y crear el intervalo en la representación que permita la divina sorpresa del Despertar. El iniciador es un artista.

«De hecho, cada Iniciador es libre de adaptar no importa que rama particular de los conocimientos humanos e introducir en su trabajo de Logia, las distintas exotéricas, guardando siempre los principios del esoterismo del Martinismo.»

El iniciador puede tomar prestado de todos los campos de cultura. La experiencia demuestra que, sin esa transversalidad, los iniciados tienden a cristalizar las enseñanzas recibidas en verdad o dogma, incluida la enseñanza a la no-identificación o a la erudición, lo que resulta a menudo un hándicap. La dificultad, para el iniciador, consiste en no permitir al iniciado basarse en una certeza formal, por lo tanto externa, para dejar avanzar en él una referencia interna, informal e indiscutible, que emana del Ser en sí mismo. El iniciado debe permanecer «a la vanguardia de sí mismo»[43]

Esto nos conduce a advertir una vez más contra la confusión entre las vías iniciáticas que dependen de lo Real, y las órdenes iniciáticas, que dependen de lo humano. Esta confusión habitual explica probablemente por qué Louis-Claude de Saint-Martin desconfiaba de las órdenes iniciáticas y llevase su vía en el interior; y por qué el Maestro Philippe se declaraba decididamente hostil a sus actividades, mientras que él mismo inspiraba sin embargo a muchos responsables de órdenes iniciáticas; y por qué Robert Amadou repetía, al menos a quien quisiera escucharle, que las órdenes iniciáticas rinden servicio. Las vías iniciáticas emergen naturalmente en el silencio de la consciencia no identificada, se despliegan

[43] Ver el primer manifiesto incoherista en *Despertar e incoherismo* de Rémi Boyer, Ediciones Arma Artis, 2005 o *El discurso de Lisboa* del mismo autor, Ediciones Rafael de Surtis, 2003.

energéticamente según los caminos serpentinos que conducen al iniciado allí donde es rendido. Las «cosas» se sitúan a su alrededor, cuando está sólidamente anclado en su propia solaridad, en su propia Presencia radiante. Las órdenes iniciáticas son formas temporales y condicionadas por la cultura, destinadas a ser vehículos momentáneos de esas vías o, más exactamente, a ofrecer un marco continente y creador para los que buscan una vía real y para los que, aunque la hayan encontrado, la dejan desplegarse en su consciencia. Deben acompañar a los iniciables hasta crear las condiciones en su búsqueda que permitan a la vía emerger en la consciencia no identificada del buscador. Crean las condiciones de la iniciación, pero no dan la iniciación, contrariamente a una creencia sólidamente implantada y sin embargo errónea. La iniciación depende exclusivamente del Sí.

El prototipo de Iniciador para Occidente, ¿No sería Jesús de Nazaret? No el modelizado por la Iglesia romana, no el reacondicionado por los gnósticos, sino aquel que, según Claude Bruley, «deshizo la conjunción con el Dios de Israel[44]», liberándose de cualquier apariencia temporal, línea ancestral o línea espiritual, para establecer o restablecer su propia naturaleza primordial, volver a ser un «ser completo» dotado de un nombre propio y de una voluntad que no vuelva a estar sujeta ni dependiente de la consciencia colectiva.

«Por último un miembro no podrá ser realmente un Superior Desconocido antes de haber sido un iniciador y haber transmitido la Luz» afirma el ritual. Esta sentencia es un recordatorio suplementario a la no-dualidad. No transmitir la Luz sería mantener una dualidad, una separación entre sombra y Luz. Transmitir, es decir dejar extenderse la Luz, es reconocer que no hay ni «mí» ni otro, ni iniciado ni profano, y que todo es Luz. Esta frase, de manera más pragmática, sugiere también que sin intercambio, sin flujo, no puede haber ascensión. Conservar y retener, es fijar y fijarse. Guardar, es llenarse mientras que la cualidad primera del iniciado es el Vacío que es su verdadera naturaleza. Transmitir la Luz, es mantenerse en el eje, en el campo y el canto del Ser, y no des-

---

[44] *La Gran Obra como fundamento de una espiritualidad laica. El camino hacia la individualización* de Claude Bruley, p. 387, Ediciones Rafael de Surtis, Cordes sur Ciel, 2008.

cender los peldaños de la escalera horizontal del tener y el hacer.

Se desprende de este ritual que la pluralidad de las órdenes martinistas o ramas de la Orden martinista son consecuencia lógica de los principios fundamentales establecidos por los iniciadores. Es una garantía de independencia de esta corriente mayor que el iluminismo, de su creatividad y su libertad. Cierto que en ocasiones hay abusos. Cierto que ha habido y habrá, ocasionalmente, constituciones indignas aunque menos que en otras corrientes que se quieren muy centralizadas. Pero las ventajas son considerables y no deben ser cuestionadas por esos inconvenientes. Solo se puede lamentar que el principio de los Iniciadores Libres no se haya preservado más.

# DE LA GRACIA

A Robert Amadou le gustaba decir que nada era posible sin la Gracia, igualmente una personalidad como Gurdjieff insistía en esa necesidad, la necesidad de la Gracia. Pero, ¿de qué hablamos exactamente? Ciertamente no de ese sentimiento difuso y vulgar de una intervención un poco mágica o milagrosa y aleatoria, que se aplica demasiado a menudo. La cuestión de la Gracia es fundamental e inseparable tanto del Tiempo de los Lirios como del Tiempo de las Rosas que llegan después, o mejor a través del Tiempo de Espinas.

El monje cisterciense Joaquín de Fiore anunció las tres edades que encontraremos en las Trovas del profeta Bandarra:

- La era del Antiguo Testamento, edad del Padre, que comienza con Abraham y termina con el nacimiento de Cristo. Tiempo de Espinas.

- La era del Nuevo Testamento, edad del Hijo, Tiempo de Gracia o de Rosas, que comienza con el último rey de Israel, Oseas (732-724 antes de Jesucristo) y se desarrolla con San Juan Bautista y Jesús.
- La era del Mundo que se acerca, edad del Espíritu Santo[45], o Tiempo de los Lirios, subyacente a los otros dos, pero explicito con el regreso del profeta Elías para perdurar hasta el Juicio final, Es el tiempo del milagro permanente de la Gracia.

Estas tres edades se convierten en cinco tiempos para Antonio Vieira[46] quien, tras la desaparición del Rey Sebastián en 1578, revisa y revitaliza, en la perspectiva de un Quinto Imperio, las profecías de Bandarra (1500-1556) a partir del sueño de Nabucodonosor mencionado en la Profecía de Daniel[47]. El padre Vieira

---

[45] Joaquín de Fiore había fijado ese descenso del Espíritu Santo en 1260.

[46] El Jesuita Antonio Vieira (1608-1697), figura fundamental en Portugal, considerado como el «padre de la lengua portuguesa».

[47] Las *Trovas* fueron recogidas en 1540. Estamos por lo tanto mucho antes del nacimiento de Don Sebastián. Le valieron a Bandarra una condena por el Santo Oficio. Más tarde *Antonio Vieira* debió interpretar las *Trovas* de forma hermenéutica. ¿Qué son en esa época las profecías? No son más que simples

anunció el advenimiento de un Quinto y último Imperio de mil años que sucederá a los imperios Asirio, Persa, Griego y Romano y que se prolongará en el Espíritu Santo. El Imperio Asirio es el del Padre, el Imperio Persa el del Padre y el Hijo, el Imperio Griego el del Hijo y el Imperio Romano el del Hijo y del Espíritu Santo. El Imperio de Portugal o Lusitano marca el reino del Espíritu, representado por Sebastián que asume una función de padre-rey de Cristo próxima a la del místico padre Juan que algunos misioneros de los Descubrimientos buscaron en África y luego en la India. Vieira sitúa ese Imperio bajo una doble autoridad, la del rey de Portugal y la del Papa[48].

Fernando Pessoa precisará la naturaleza de esa unión:

«Así, damos por seguro que en el Quinto Imperio, se producirá la reunión de dos fuerzas separadas desde hace mucho tiempo, pero

---

intuiciones o fruto de un trabajo de adivinación, de alguna manía, `pertenecen naturalmente a una visión del Imaginario, un acceso a las ideas divinas que piden precipitarse en la temporalidad, no como posible, sino como realidad.

[48] Para una profundización sobre este tema, leer *Correspondencia imaginal.* Lima de Freitas & Gilbert Durand. Prólogo de Michel Cazenave. Bajo la dirección de Rémi Boyer. Ediciones Arma Artis, la Bégude de Mazenc, Francia. 2016.

que desde hace mucho tiempo se aproximan: el lado izquierdo del saber —la ciencia, el razonamiento, la especulación intelectual— y su lado derecho —el conocimiento oculto, la intuición, la especulación mística y cabalística—. La alianza entre Sebastián, Emperador del Mundo, y el Papa Angélico, representa esa alianza íntima, esa fusión de lo material y lo espiritual, quizás sin separación.[49]»

El tiempo del Quinto Imperio, Imperio del Espíritu Santo o Libre depende no solo de *Cronos,* sino de *Aion* y también de *Kairos.* Es el Tiempo del brote de la Gracia. *Cronos, Aion y Kairos* al igual que los tiempos, Tiempo de Espinas, de Rosas, de los Lirios y demás, deben ser entendidos como estados de consciencia, estados de la Consciencia, realmente en total simultaneidad, pero potencialmente actualizables de manera diferenciada en el seno de la dualidad.

La Gracia es obviamente central en la operatividad de los sacramentos. Es, en gran medida, la dimensión esencial de cualquier iniciación difusora de Gracia. En primer lugar es *vir-*

---

[49] Fernando Pessoa, *Obra Poética y en Prosa,* Tomo III, introducción, organización bibliográfica y notas de Antonio Quadros, Ediciones Lello y Hermanos, Oporto, 1986.

*tud,* la gracia como energía espiritual del sacramento, luego, desde el siglo XII por profundización, *res,* la gracia como realidad más profunda del sacramento, la *cosa* o *causa* de la Orden de los Caballeros Masones Elus Coens del Universo.

Hablamos gustosamente del «don de la Gracia». Hay una dimensión íntima de la Gracia, es amor gratuito y activo de lo Absoluto, particularmente presente en la muerte y resurrección de Cristo y en la acción del Espíritu Santo, evento en realidad no histórico que vivimos de instante en instante. Lo Absoluto se olvida en la dualidad y se da a sí mismo una infinidad de maneras, siempre nuevas, para reconocerse a través de cada forma de vida. Hay un diálogo, una conversación de Dios consigo mismo cuyo objetivo es el reconocimiento de sí mismo como Dios a través de lo múltiple. Ese diálogo íntimo, esa co-creatividad, suscita, despierta nuestra libertad intrínseca, la libertad misma de Dios.

Por acción del Fuego, la iniciación lleva, o debería llevar, un poder sacramental, el de la Gracia. En la corriente iluminista en general y martinista en particular, podemos sugerir la vía cardiaca, la «formación del corazón» permite «adquirir» o «recibir» la Gracia, siendo ambos verbos inapropiados. En cada instante, en la cripta del corazón, entre inspiración y espiración y entre espiración e inspiración, sobre el rio del soplo, por el paso de la muerte y resurrección de Cristo y la acogida de su espíritu, entramos en la vida eterna. Es el advenimiento del Hombre Nuevo de Louis-Claude de Saint-Martin, es la plena entrada en la Nueva Alianza anunciada por los profetas, la agregación al cuerpo vivo de Cristo. La transformación no es espectacular, es profunda, íntima, nupcial, pero nunca mundana.

La Gracia es una unción pneumatológica, redentora, reintegradora, inclusiva de todo lo que se manifiesta. Si Dios engendra el Espíritu que engendra el alma que engendra el cuerpo, el cuerpo es reintegrado en el alma, reintegrada en el Espíritu, que se reintegra en Dios. Es el movimiento de la Gracia percibida como la auto-comunicación de Dios consigo mismo, auto-comunicación que conduce a una auto-comunión, movimiento que va de la dualidad a la no-dualidad, de lo múltiple al Uno. Todo se transforma conscientemente en el Amor.

Leonardo Coimbra (1883-1936) en una maravillosa obra, *La Alegría, el Dolor y la Gracia*[50], plasmó magníficamente ese movimiento de reintegración. Tenemos en primer lugar el amor dualista, fuente de Alegría, luego el Dolor de la separación que despierta a la no-dualidad y por último la Gracia de la no-separación por el amor no-dualista. Y, nos dice Leonardo Coimbra en una de sus magníficas intuiciones: «La libertad existe, la gracia es su cuerpo». La Gracia como cuerpo de la Libertad, de la Libertad absoluta de Dios, del Señor o del Sí, es también la realización consciente.

Concluyamos de nuevo con Leonardo Coimbra:

«La Soledad y el Silencio nos dan un sentimiento inmediato de presencia y de plenitud integral; no es más que Dios sentido en la repetición interior de un movimiento que lo engloba Todo, es la Gracia divina extendida en todo el Ser, como algunos besos maternales, flotando sobre la mirada infantil en sonrisas líquidas de felicidad.

Como el viajero que, llegado arriba, descansando su mirada en la frescura de los torrentes

---

[50] La Alegría, el Dolor y la Gracia de Leonardo Coimbra, Ediciones Orfeu, Bruselas.

y perdiendo sus ojos en el cielo, nunca olvidará la tierra, el pensamiento llegado a Gracia, que es plegaria inmediata, himno de alabanza y alegría, donde todas las imperfecciones reducen el cuerpo laborioso y dramático a una significación eterna de comunicación y amor.

Es lo Invisible, lo Inefable, lo Innombrable que habita cualquier Soledad, llenando de palabras cósmicas y sustanciales cualquier Silencio.»[51]

Entremos en la Orden del Tiempo de los Lirios...

---

[51] *La Alegría, el Dolor y la Gracia* de Leonardo Coimbra. Ediciones Orfeu. Bruselas.

*Este cuaderno martinista terminó*
*de componerse en la colección*
*«Martinismo» de la editorial*
***MASONICA.ES®***
*en el día 26 de*
*enero de*
*2018*